1000万円溶かした男が語る究極のFX論

田井仲博文
TAINAKA HIROFUMI

幻冬舎MC

１０００万円溶かした男が語る、究極のＦＸ論

目次

プロローグ

よく、最近の流行り言葉の一つに「寄り添う」なんてのがある。

地震などの被災地に、総理や担当大臣が赴き、原稿を棒読みで「寄り添う」などと言う。

前から思っていたことだけれど、こういった連中のおかげで、世間で使われる言葉の重みがどんどん軽くなっていく。

「寄り添う」という行為は、ただ上から目線で同情することではない。

戦後から80年近くも経っているのに、未だに敗戦の負け犬根性から抜け出せていない日本人ばかりなら、米軍からもらったチョコレートをありがたがる子供のように、十分にありがたいのかもしれないが。

そんな卑屈な精神に侵されていない、本当の心の叫びには、そんな安っぽい「寄り添い」は全く呼応しない。

表題のように、僕は、自身の資金トータル1000万円をＦＸで溶かし、その後、呆然自失の中、ただただ現実逃避を兼ね、いわゆる韓流ドラマにハマってしまった（苦笑）。

その韓ドラの一つ、『マイ・ディア・ミスター～私のおじさん～』の中でのワンシーン。

ジアンの祖母が亡くなり、そのみすぼらしい葬儀に、しがない清掃員として働いているサンフンが、なけなしの金をはたいて沢山の花環を飾り、地元の知人を呼びつける。弟のドンフンから「明日からまた無一文だぞ」と言われたサンフンは「いいさ、今のこの気持ちは誰にもわかるまい」と言ってのける。

このシーンを見た時、ついこの間、ＦＸでトータル１０００万円も溶かしたというのに、まるで背中に電撃が走ったように気力がふつふつとみなぎり……といった感じにはなっていないけれど、まあ、人が人に寄り添うというのは、本当はこういうことだよなあ、とじんわり悟ることができた。

ＳＮＳなど、個人としてメディアに発信するものは、いまさら言うまでもなく全ての人に、納得・共感してもらうことは不可能だ。

ましてやこれから僕が述べたい事柄は、ＦＸに大なり小なり関わっている人（ＦＸでかなり儲けを出し続けている人、いや、負けてばかりで撤退を余儀なくされている人にでさえ）に対し、もしかしたら共感はほど遠いものになるのかもしれないが。

別に生まれ変わりを信じているわけではないけれど、もし、またこの世の中に自分が生まれ出たとして、「僕」がこれを読んだら、少なくとも同じ轍を踏まずに生きることができるように、書き連ねてみたいと思う。

それはどういうものか。

ズバリ、ＦＸにこれから関わろうとしている初心者が、始める前に必ず知っておかなければいけないこと。

では、これから来世の自分に「寄り添って」述べてみることにする。

1章

ＦＸはギャンブルなのかどうか、あらためて

ＦＸが存在するようになって

ＦＸ（店頭外国為替証拠金取引）、その事象を利用して、資産を増やしてみようという発想は、それはそれは昔からあったことでしょう。

ただ、ここ数年、インターネットの発達が、個人レベルで急速に浸透し、今では概してＦＸは、株をやる人を上回る勢いで認識されるに至りました。

というよりも。

インターネットの発達が、ＦＸを含めたマネーゲーム全般の認知度を、全世界に爆上げしたのではないでしょうか。

通貨というものは大昔から存在しています。

銀行も大昔から存在しています。

ただ、ＦＸ（個人レベルで預けたお金を証拠金と位置づけ、その価値をレバレッジで変動させて為替取引を気軽に行う行為）は、それが生まれて浸透するまでになったのは、まだほんの数十年です。

およそ46億年前に地球が生まれてから現在までを1年で換算し、その期間で人間が存在し始めたのは、大みそかの12月31日から、という説があるけれど、それを、マルっとそのまま通貨の歴史に当てはめたら、おそらくFXの存在も12月31日から、ということになるのではないかと思われます。

要するにFXは、人類が生まれて今に至る中では、まだほんの、爪のアカ程度の期間にしか存在していないワケです。

未だ正確に認識されていない、FXの本質

でも、そんなFXに、すでに多くの人の人生が振り回されています。

もちろん資産倍増、人生をホクホク顔で一生過ごせるようになった人はいいけれど、中には、というか、ほとんどの人は、このFXで人生をぶち壊し、そして。

それは今後も続くことでしょう。

なぜそうなってしまうのかといえば、FXは、その本質自体が、まだ世間にきちんと正確に認識されていないからです。

物事の多くは、その本質を正確に認識するためには、それはそれは、かなりの時間がかかります。

民主主義、共産主義なんてテーマで語り合ってご覧なさい、もう、そんな言葉が出来てから数百年も経つのに、どちらが優れているのか、いや、どっちも実はダメなのか、人類の叡智をもってしても未だに決められやしないのです。

同じように、ＦＸはギャンブルだ、いや、違う、という論争は、現在も常に繰り広げられています。


ＦＸをギャンブルだと決めつけている人の中には、いっぱしの経済評論家を気取るような方々も結構いまして。

投資や金融関係の本を多数出版されている、でもＦＸに否定的な、あるご年配の経済ジャーナリスト。

ある時、その方の本を読んで思ったことは、確かにレバレッジが元凶とか、その一面だけを見て書いてあることはごもっとも。

でも、それ以上に感じたのは、その方、預貯金第一で資産形成をするような、いわゆる高齢者世代に当てはまるからなのか、ＦＸを含めた、とにかく能動的に行う資産運用や株式投資というものに対する知識がことごとく暗いな、といった印象が。

そしてそれは、ある意味しょうがないのかもしれません。

でも、だからこそ、特に若い人にまで納得させることが出来るかといえば、やっぱり疑問ですね。

その一面だけで結論づける物言いは、それは偏見というものであり、いわゆるネトウヨと何ら変わりない気がしますね。

昔、ヒロポンなどの覚せい剤は、薬局で手軽に購入出来ていたそうです。

今は個人で打っただけで警察ざただけれど、管理下に置いて治療などに転用する分には違法ではないし、かえって社会に必要なことです。

ＦＸはギャンブル、との主張は、ＦＸを「治療に転用できる」事実（急激な円安に対応しうる国別分散投資や分割売買など）に目を塞いでいます。

まあ、世の中は、そんな中途半端な物言いでお茶を濁す人たちで充満しています。

それは逆の立場で見てもしかり。

おそらく、ＦＸの勝ち組トレーダーもどきで本を出したりしている人は沢山いることでしょう。

そんな人たちが、実は、実際にＦＸに関わって苦しむ人を増大させていると思われます。

このご時世（いろんな意味で）あらためて真にＦＸの深淵を探ることは、とてつもなく難儀である、と、ただただ痛感するものであります。

と、かなりのハードルを上げて、これからワタクシ、そのＦＸの本質というものを、あらためて主張してみたいと思うのですが……大丈夫かな（苦笑）。

ＦＸはギャンブルであり、そして、ギャンブルではない？？

これからワタクシが主張する内容は、一個人の感想、ではありますが、同時に、これから世の中に普遍的に定着してやまないと思われる「ＦＸの正体」と、自負して語るものであります。

なにせ、そう深く実感するまでに、ある意味１０００万円費やした（溶かした）のですから（笑）。

もしかすると、そんな物言いもマウンティングと受け取られてしまうかもしれません。

いやいや、大損こいてＦＸを撤退した人間がマウンティングなんて、滑稽の極み、でも、万一、そう思われる方がおられたとしたら、ごめんなさい、としか言いようがないです。

こちらとしては、極力、建設的に語ることを心がけたいので、ご了承のほどをお願いします。

まあ、「ＦＸの正体」というものを、マウンティング気味に語ったところで、まだ、多くの人に普遍的に認知されるまでには、ヘタすると天動説がまかり通っていた時代から地動説が受け入れられるぐらいの年月がかかってしまうかもしれないのです。

世の中とはそういうものです。

やっぱりマウンティングっぽいなあ（苦笑）。

それではお待たせしました、結論から言いますと。

ＦＸは、ギャンブルであり、そして、ギャンブルではない。

？？？

一言にすると、こうなっちゃいますね（笑）。

そうです、ＦＸは、ギャンブルである部分とギャンブルではない部分、の二律背反する性質を両方含んでいる、とても厄介なしろものなんです。

あまり知らないことを突っ込んで語るつもりはないんですが、ギャンブルといわれるパチンコにも、厳密に言えば「パチプロ」と言われる……数少ない、パチンコで生計を立てている人が、もし、本当に存在するのであれば、その人にとってのパチンコは、ギャンブルではありません。

株取引は、損している人にとってはギャンブルだと言っていいと思いますが、でも常に儲けを出している人にとっては、ギャンブルではありません。

ではＦＸは？

はい、常に儲けを出している人にとってはギャンブルではありません。

無論、負けて撤退している人もいる以上、そんな人たちにとってのＦＸはギャンブルです。


ということで。

ＦＸはギャンブルであり、ギャンブルではない。

さあ困りました（笑）。

これでは、ＦＸはギャンブルだと決めつけている方々にも、つっこまれてしまいますかね。

レバレッジ

ではまず、ＦＸでレバレッジ（小さい力で大きなものを動かす、〝てこ〟という意味）をかけるのはギャンブル行為、という点について、ワタクシからも話してみたいと思います。

確かに、レバレッジを使ってＦＸ取引をすること（そのほとんどは、いわゆるデイトレーダーですね）は、ギャンブル行為に近いと思います。

ここで、ＦＸのレバレッジとはどういうものか、初心者にもわかりやすく述べてみましょう。

世の中で大きな買い物をする時「頭金」というものがあります。

例えば、家を買うなど、だいたい皆さん、ローンで買うみたいですね。

このローン購入というものは、言い換えれば銀行がレバレッジを利用した商法、と言えます。

家を担保にして頭金を払い、あとは残金を払いますが、その合計は、必ず、その家を一括で購入した以上の金額、になってしまいます。

だから、ローンを完済した場合、その差額分がより大きなものとなり、そのまま銀行の収入となります。

これは、考えようによっては、銀行が、その「頭金」にレバレッジをかけて、家の購入価格と同等にしてしまっているようなものです。

つまり、頭金というものは、それイコール、家の購入代金ぐらいを賄える〝資格〟の代金、といった感じのものでしょう。


国内のFX会社で取引する場合は、預けた額に対し、運用できる〝資格〟の額は、最大25倍のレバレッジ（今後10倍台に下げられるとのことですが）としています。

１００万円で取引する場合、25倍のレバレッジをかけると、だいたい、１ｐｉｐｓ＝２０００円動かせる、ということになります。
※ｐｉｐｓ（ピップス）：為替変動における最小単位。円の場合、１ｐｉｐｓ＝０・01円

さらに同じ条件でちょっとした変動（10～20ｐｉｐｓ）でもあれば、金額もそれに応じて2～4万円ほど、増えたり減ったりします。

それが海外のＦＸ会社だと、一挙に最大５００倍、中には８００倍のレバレッジをかけられるところもあります。

そんな、海外のＦＸ会社を使って取引をした場合、同じ１００万円で、１ｐｉｐｓが10万円近く変動（!!）します。

もし、たった10ｐｉｐｓでもプラスに傾けば、１００万円は倍の２００万円になる、ＦＸなんてチョロい、なんて、安直な人は、そんなことをすぐ考えたりしてしまいそうです。

まあ、理論上はホントにそう動けばそうなる、ということなので。

もうおわかりのように、それがマイナスに動くこともあると考えた場合、１００万円は10ｐｉｐｓ動いただけで一挙に一文なし。

はい。

そんなリスクを抱えてエントリーするとしたら、それはギャンブル以外のナニモノでもないということは、いちいち言わなくてもわかりますね。

そして、ＦＸを、ただのギャンブルでしかないと喚く人たちは、数ｐｉｐｓ動いただけで多大な金額を変動させるレバレッジという機能そのものを大々的にあげつらい、その主張の根拠としています。

こちらとしましても、それはまあ、わからないでもない、といったところ。


ここで一つワタクシの体験談を紹介しましょう。

忘れもしない、2016年11月、ドナルド・トランプVS.ヒラリー・クリントンの大統領選。

そのバトルが繰り広げられる数日前から、もちろん為替も大いに荒れるだろうと推測され、もしトランプが優位に立つとしたら、ドル円に関しては、一気に円高に振れるだろうとの予測を、当時の日本の専門家・識者、皆、揃って同じように言っていました。

当日直前までは、円安に向いていたトレンドでしたが、案の定、大統領選開票当日の午前中、トランプが優勢になってきたという情報（それがホントかどうかは別として）にメディアが塗り固められたとたん、一気に円高に舵を切り、それから数時間で2～3円（200～300pips）ぐらい、動いたんじゃないか、と思います。

すごくわかりやすい相場だったので、見逃していなければ、その時点でエントリーした人は、そのほとんどが大金を儲けられたはずです。

実は、かくいう自分も、そのタイミングの目撃者だったので、突っ込んでいた資金や何pipsだったかは忘れたけれど……国内のレバレッジ全開、数分で50万円!!くらい稼ぎました。

要するに「確実」に、上がる・下がるタイミングというものが（そりゃ、そんな機会は、ものすごく少ないけれど）FXには、あります。

自分を超絶に律して、そういった数少ないタイミングのみFXトレードをするならば、レバレッジをかけたとて、全くギャンブルとはなりません。

まあ、屁理屈ととらえられても、致し方ないかもしれませんけどね（苦笑）。

でも、そういう経験をした人に、レバレッジがあるからFXはギャンブル、と説得させるのは難儀ではないですかね。

先のように極端ではないにせよ、FXで常に儲けを出している人は、レバレッジをうまく利用して自身の手法パターンを編み出しています。

レバレッジなんて、そんなの、自分でちゃんとコントロールすればいいだけの話だろ、ということ。

そんな人たちは、本当に、イチかバチかの勝負に出るようなギャンブルはせず、ただ、儲ける手段としてだけFXと関わっています。

それなのに。

そういった人たちの存在を検証することなく、FXはギャンブル、と決めつけることは、逆に自称トレーダーを名乗り、ロクでもない手法を、イッパシに本にして売り叩くゴロツキと変わりはない、と、ワタクシは思います。

では、なぜ、そんなワタクシ、現在、FXをスッパリやめたのか?

1000万円溶かした今になって、やっと決断したのだけれど、自分にとってのFXは、やっぱりギャンブルだったからです(笑)。

FXをギャンブル化する「人種」と、しない「人種」

はいはい、もちろん、もうちょっと説明しますよ。

正確に言えば、ワタクシはFXをどうしてもギャンブル化してしまう、ということです。

そう、自分自身の問題。

トランプVS.ヒラリーの大統領選では、確かに短時間で、そこそこの利益を叩き出しました。

しかもそれは、確実な動きをすると思われる、素直なチャートの波を逃さず、乗っかったものでした。

しかし、そんな結果を残したにもかかわらず、以後、月をまたいでの年トータルのトレード成績を見た時、せっかく積み上げた50万円は、すでに跡形もなく消えていました。

結局、当時の自分にとってのＦＸは、そのほとんどが、根拠のない、いわばギャンブルトレードだったということです。

たまに大勝した時、その、勝つ状況というものは、意外とちゃんとした根拠やパターンが見出せたりしています。

でも、そんな時が、無意味な自分自身への過信にも繋がっていくのです。

まあ、だいたいのにわかトレーダーがたどる道筋かと思われます。

で、この辺で資金も底を突き、ＦＸなんて、やっぱりやってられない！とか、やっぱり俺にはＦＸの才能なんてない、と、単に感情に任せて思えるようになれれば、それはそれでよかったのかもしれません。

で、実際のワタクシは。

確かにその年（２０１６年頃）に打ちのめされて、一度はＦＸから離れた時期があります。

でも、離れていただけで、心の底では、完全にやめたわけではありません。

それは、ＦＸがギャンブルではない面もある、と、幸か不幸か知ってしまったから。

具体的に、いつまた始めようかという考えはなかったけれど、その頃は、とにかく、とりあえずＦＸから離れ、休息時間が欲しかった、といったところでしたね。

実は、それ以降、徐々にＦＸに対しての関心すら遠のくような感覚になっていった時期もありました。

でも、「ＦＸはギャンブルではない面もある」。

ただその一点が、こちらの心根に引っ掛かっていたことにより、また思いもよらないきっかけで再開することになり……。

そして、さらに試行錯誤を重ね、それが裏目に出て（笑）。

そして。

自身のＦＸ歴10年間で、累計マイナス１０００万円（くどいですが、１０００万円溶かしたということですね）という結果を叩き出した、と同時に、やっと悟ることが出来ました、「ＦＸの本質？」を。

まず、ワタクシ自身のことで言えば、ＦＸをギャンブルにしてしまう「人種」だった、ということです。

※念には念を入れて。

ここで使っている「人種」は、身体的特徴、または社会的地位の違いを指すのではなく、その人の持つ〝気質〟のみを指す言葉として使っています。

そしてそれは、どんなに抗っても、変わることは出来ません。

もしワタクシが、ＦＸをイチから始めようと思った時に、今の〝ワタクシ〟から、そういう「人種」である、と強く諭されたら、きっとＦＸに手を出すことはなかったでしょう。

なので、その「人種」というものを、もっとツマビラカにしたいと思います。

まず、レバレッジのボタン。

これを安易に押してしまう人。

ＦＸを教える側の人たちは、レバレッジの全開はもっての外、ルールを守って自分自身を制御せよ、と、イタイケな初心者に、警告はすると思います。


でもね。

これは例えて言うなら、麻薬中毒患者に麻薬はダメと言っておきながら、その注射器をそばに置いておく感じ、ですね。

これでは警告もへったくれもありません。


では。

ワタクシはいったいなんの中毒なのでしょうか？

それは「お金に対する気持ちに余裕がない」という中毒です。


実は、世の中の大半の人が、おそらく自分と同じだと思います。

普段は自覚はないでしょう、でも、潜在的にこの感覚に陥っている人が、ＰＣでＦＸのチャートを開き、その画面にレバレッジのボタンを見たならば、その指でクリックを自制するなど、絶対に不可能、ということです。

ＦＸでちゃんと稼ぐことは出来ると思います。

毎年、ＦＸでの結果をちゃんと出して、税務申告している人が、沢山いるからです。

では、そういう人たちは、いったいどういう「人種」なのか？

勝率のあるトレード手法のルールに、ちゃんと乗っかれる人たちです。

その手法は数あれど、共通していることはただ一つ、レバレッジをうまく制御しながらトレードしている、ということです。

そんな人の特徴は、ワタクシとは反対に、気持ちに余裕があること。

それは、元々金銭的に余裕がある、というのもあるし、性格もあるでしょうし。

要はルールに素直に乗っかれる余裕がある「人種」ということです。

だからＦＸを余儀なく撤退した人の中には、実は、その人が使った手法そのものは間違っていなかった、ということが多々あるのかもしれません、ワタクシも含めて。

ただ、その手法に乗っかれる「人種」ではない、ということ。

才能・素質ではない、「人種」です。

「人種」である以上、努力を試みたところで変われることはないのです。

そのことを悟ることができたので、僕は1000万円を溶かした時点でキッパリFXをやめました。

そして、今後一生、FXに関わることはないでしょう、いや、もうないです、こりごりです、いやホント（泣）。


ということで。

FXをギャンブルにする人、しない人。

この違いは、実は「人種」レベルでの大きな差があると思っています。

だから、これを読むFX初心者（いままでFXにそれ相応に関わってきた人も含む）は、自問自答していただきたい。

自分がどういう「人種」であるかを。


例えば。
★スーパーの買い物で、100円、いや、1円落としただけでも、一日中ナーバスになってしまう人。

★安物買いの銭失い（特売、バーゲン好き）をやめられない人。
★福引程度の当たりはずれでも、それに対する感情の落差が異様に激しい人。
★ゲームなどで、一旦負け始めると、それを取り返そうとしてさらにドツボにハマる人。
★新しい電化製品を、トリセツも見ずに使用して壊す、せっかちな人。
★普段の生活で、貯金がなかなかたまらない人（貯金していない人は、もう論外）。

これらの「症状」は、悲しいことに、普段、自覚がないんですね。

だから、自分がどういう「人種」なのか、ということにも無頓着。

この「人種」に、年齢、性別、職種などは関係ありません。

まあ、ここは日本。

この日本に生まれた時点で、実は、ＦＸに不向きな「人種」と思われる人が大半です（それはどういう意味か、ということは、後ほどまた述べてみます）。

ただ、日本人という〝人種〟ではない「人種」。


思えば、ＦＸを始めたばかりの頃。

自分自身が、どんなにお金に執着しているのかという、凄まじいまでの「人種」性をおぼろげながら感じたことを今も記憶しています。

今は、それを否が応でも認めざるを得ません。

そんな「人種」が、たまたまFXというものの存在を知ったとたん、一も二もなく飛びついてしまう。

そして一抹の夢を見て、その後、地獄を見る。

ワタクシもその一人でした。

そんなワタクシが、もちろんそんな「人種」から脱却する術など、わかっているわけではありません。

でも、まずは自分自身がどういう「人種」であるかを、徹底的に認識するところからでも始めないといけないのです。


ということで。

あれからだいたい半年経った現在。

まあ、なんとか、こんなものを執筆し、少なくとも気持ちの整理がようやくついたかな、と。

そして、自分と同じような沢山の「人種」がＦＸを見極め、そしてＦＸを回避出来るようになれたらいい、と思っています。

もちろん、それは、いままでＦＸにとことん身を費やしていた側からすれば、とてつもなく辛い作業なのですが、それを経なければやっぱり先には進めない、と今は確信するのです。

2章

FXに向いている人、いない人

僕は、どうしてＦＸと決別するに至ったか

ＦＸを、ギャンブルにする、しないについては先ほど述べましたが、ギャンブルにしてしまうからＦＸに向いてない、というつもりは、実はありません。ギャンブルという自覚のモトに、ＦＸに関わることは、誤解を恐れずに言えば、別に悪いことではありません。

さて、日本には、パチンコという文化があります。

ワタクシはパチンコはやりません、と同時に、個人的に不思議に思うこととして、どうしてパチンコ店は、全国そこら中にあるのかな？と。

あの東日本大震災時、被災地に、復興で建てた最初の建物が、生活必需品を扱うスーパーではなく、パチンコ屋だった、と誰かから聞いたことがありました（真偽はわからないけれど）。

要は、そう思わせるぐらい、日本にはパチンコ（というギャンブル）が定着しています。

僕はパチンコはやらないので、パチンコにのめり込む人の感覚を、よく理解できません。

似たようなものでは、いわゆるネットゲームなども、僕はやりません。

世間で結構流行っている対戦モノゲームに、一度は参加したことがあるけれど……わかりませんでした。

パチンコは、そのゲーム性に加えて、金銭のやり取りがあるので、ただ時間を費やすゲームとは違い、ある意味、意義はあると思いますが、大半の人は、ただお金の浪費をするだけではないでしょうか。

同じように、「パチンコ」のようにＦＸを楽しんでいるのなら、それをとやかく言う筋合いは、僕にはありません。

向いている、ということで言えば、それをちゃんと楽しんでいるのであれば、向いているのでしょう。

ただ、家族持ちならば、せいぜい家族の迷惑にならない程度に嗜むべきだとは思います。

でも、それで借金したり、周りに迷惑が及ぶことになっても、その人自身が楽しんでいるのならば、やっぱり、ＦＸに向いていることになるのかもしれません。

僕は、ＦＸに向いているという定義は、そういう事象も含める考えです。

ＦＸをギャンブル化する、という意味では、はた目から見れば、それを楽しんでいる人と当時の僕は同じだったのですが、気持ちの中は、徹底的に違いました。

僕のほうは、ただただ苦しいワケです。

まあ、パチンコやる人だって、負ければ、舌打ちするわワメくわ、人によっては台のガラスをぶち壊そうとするかもしれません、知らんけど（笑）。

でも、パチンコをやる人は、おそらくまたナケナシの金をつぎ込んでタマを買い、再び台に臨めば、よ〜し、と根拠なき自信と心地よい闘志がみなぎっていることでしょう。

その感覚は、ＦＸの追加資金をつぎ込んだ経験を通して、僕も少しは理解できます。

では、そんな、ギャンブルに「向いている」人と、ワタクシとの違いは。

その物事・事象を「客観視」出来るか否か。

この一言に尽きます。

それが能力・才能なのか、はたまた努力なのかと問われれば、ワタクシとしてもわからないのですが、努力であるならば、「客観視」する努力はしたほうがいい。

いや、最初にすべき努力は、一にも二にも「客観視」。

そうやって自分自身の行動、内面を注視し、分析して結論を出していけるかどうか。

なんて、ちょっと、コッパズカシイ論調ですが。

そんなワタクシも、それに気づけた時は、すでにマイナス1000万円（笑）。

その時点でようやく、自分自身の行動、内面を注視し、分析して、FXは、もうやめる、と決めたのです。

自身の内面の分析について

全く楽しめていない。

ワタクシの内面は、一言で表すなら、これに尽きます。

FXをやらせたい勢力（あまり深く考えないで結構です）は、どんな風にワタクシたちを誘うのでしょう？

そんなのは、CMだのネットだのに溢れまくっていますので、だいたいおわかりと思いますが。

そして。

そのほとんどが、嘘っぱちだとワタクシは思っています。

一つ例を挙げると、まだＦＸを知って間もない頃に、某ＦＸ会社が、イラストでそのイメージを語ってたんですが。

パソコンを見つめながら、優雅にコーヒーを飲んで、ニコニコしている……。

そんな感じになれたことは、ＦＸに関わった約10年、一度もありませんでした（笑）。

常に戦々恐々。

損切りするかどうかで身がよじれ、ポジションを持つ（売り買いのエントリーをすること）タイミングを逃してまた身がよじれ。

米国の雇用統計発表直後の値動きに翻弄され、なにより結果が、よくも悪くも出るまでにとても時間がかかり。

毎日、仕事が終わって自宅に帰り、これからＦＸに関わるのだと思うと、どちらかといえば、自分の気持ちは、いつもドンヨリとしていました。

よい結果を叩き出したこともあります。

でも、よい結果、悪い結果を交互に体験しても、自分なりの手法自体がいつまで経っても定まっていないと、積もる不安をただ醸成するばかり。

自分がＦＸに関わった約10年というものは、ザックリ言うと、実はそんなネガティブな時間に覆いつくされたものであったな、と。

逆に、よく10年もＦＸに関わっていたな、と、今は思います。

最初の頃は、ＦＸに関わる自分というものを客観視出来ませんでした。

というか、そういう発想がなかった、という感じでしょうか。

それもそのはずで。

当時は周りに、一緒にＦＸをやる仲間もいなければ、教えてもらえる環境もありませんでした。

ＦＸに関する書籍は、当時も今も、沢山あります。

でも、内容は、ありふれた、似たような手法ばかりで、それで着実に上達するかどうかは疑問、という点で、当時も今も、さして変わっていないんじゃないかと思います。

そして、それを読んでも、自分の理解が及ばないのか、内容自体が荒唐無稽なのか、どちらにしても落胆するばかりでした。

ただ、ある時、読んだ本の中で、その著者は、ＦＸをやる傍ら、趣味として合気道を嗜んでいる、と。

別に精神統一とかストレス発散とか、どちらでもいいんですけど。

自分だったら、ＦＸの傍ら、合気道をやる「余裕」はないな、と思ったので、その著者は、ある意味すごいな、と思いました。

途中で数年休止し、再開してから縁あって、ＦＸの達人のような方より講義をいただける機会に恵まれました。

その受講を通して、ＦＸの内容はさることながら、ＦＸで結果を常に出せている人、というか、真に向いている人の心の在り方とはどういうものか、を、その方より無意識のうちに感じ取りました。

そして、それがあらためて自分を客観視するということに繋がれたのでは、と、今では思っています。


結局、現在こんな形でワタクシは終わっていますが、今では、あの時の著者がＦＸの傍ら、合気道をするということが、とても納得できる気がします。

そういう、内面に余裕を持たせる術を持つ人が、やっぱりＦＸに向いているみたいだと。

そして、そんな余裕が自分には持てないでいる、なぜか。

ここは、ＦＸの手法や、いままで培ってきた環境認識などを具体的に語る場ではありません。

それ以前に、実は、ＦＸに関われる人の向き、不向きがある、ということです。

誤解を恐れずに言うと、仮に、ある人がＦＸ必勝法なるものを手に入れたとしても、その人がＦＸに向いていなければ、そんなものを手に入れても無駄、ということなんです。

だから。

繰り返しになりますが、あなたはＦＸに向いているのかどうか、ＦＸを始める前に、そのことを自らに問う必要があります。

ＦＸを「好き」になれるのか？

俗に、好きこそものの上手なれ、という言葉があるけれど。

3度のめしよりＦＸが好き、なんて。

考えようによってはグロテスク（笑）。

でも、少なくとも自分の人生の貴重な時間を、FXに充て、しかも没頭する、という「能力」が、どうやら必要みたいです。


ワタクシは、FXに関わった10年間、実は、夢中になるという感覚になったことが一度もありません。

だから、FXを「好き」になれる人がいるなんて、最初はとても信じられなかった。

で、そういう人がFXに向いている、ということを、つい最近まで気づくことはなかったのでした。

でも、結構いるんです、そういう人。

具体的には、値動きそのものに興味を持つとか、環境認識を掘り下げて考え抜くと夜も眠れない、とか、定石である各国の経済情勢に興味があるので、その延長でFXも考える、とか。

他に、パソコンが得意であれば、自動売買プログラムを作ってしまうとか。

なんか、楽しそうじゃないですか（笑）。

逆に、そういったことに一つも興味を持てないのであれば、それはFXに関わらない方が賢明なのでは、という答えも自ずと導き出せます。

カテゴリーで考えると、一昔前の金融商品のような、とにかく何も考えずに預けているだけで、利子がそれなりの額になる時代や、インデックス株を始めとする、比較的他人任せの投資機関と、ともするとＦＸをごっちゃにしてしまう向きもあろうかと思います。

でも、ＦＸは、それでもって一定の結果を出すのであれば、よく戦略を考えなければいけないし、さらにそれを身につけるのに膨大な時間と労力が必要、という点で、先のインデックス株などとは一線を画すと言わざるを得ません、そう、別物なのです。

だからこそ、そこに面白みを感じることが出来るかどうか。

今、まさにそういった境地に、ワタクシは立てています。

ハッキリ、あえて身も蓋もない言い方をすれば、ＦＸをやること自体に、その実体経済という価値はありません。

だから勝っても負けても、ＦＸに関わるだけで労働意欲はそがれるし、仮にＦＸでそれなりの利益を稼ごうとも、世の中の役には立ちません（納税に関しては、ヤボでめんどくさいので、ここではそのことには触れません）。

ＦＸは、社会がそれなりに機能して、かつ、各国レベルでの経済交流が図られて、初めて成り立つ仕組みです。

ということで、ＦＸで稼げるようになったとしても、あまり社会的評価は認められない「職種」ではありますす。

別に負け惜しみではなく、それは事実です。

事実ですが、それを自覚していようがいまいが、ＦＸに向いている人がＦＸで稼げることも、それはそれで、とても素晴らしいと思います。

そう、人生は、せっかく生まれてきた以上、素晴らしいものにしないと。

だから、ＦＸに向かないからといって、嘆くのではなく、他になにか楽しくやれるものを見つけてやってみる、そのための方向転換をする、という意味で。

いわば、ＦＸを「損切り」したと考えるんです、まあ、考えられないでしょうが（笑）。

とかく、ここ日本は、時間と場所で考えると、先の第二次大戦で敗戦国になって以来、とりわけアメリカからは、ロシア、中国の防衛線という意味合いで、軍事的にも経済的にも、良くも悪くも牛耳られている現実。

一時、経済成長を垣間見ることはあっても、えげつない為替操作でバブル崩壊なども起こし、それに輪をかけて政府はヘッポコ。

よって、今の日本人は、そのほとんどが、生活（お金）に余裕のない「人種」で占められている、ということではないんでしょうか。

悲しいかな、ある意味、ＦＸを通して、そんな自分自身の現実をあらためて思い知らされ、でも、今、韓ドラを観るのがとっても楽しい（半分以上、ただの虚勢で気持ちをねじ伏せています）。

……ＦＸに限らず、生きていく中のいろいろな局面、必要と感じれば迷わず「損切り」を実行する。

人生は、まあ、その繰り返しかもしれませんのでね。

しかし、やっぱりマイナス１０００万円は痛いよな。

と、やっぱり未だ現実感との攻防に苛まれるのでした。

ＦＸは脱落したけれど

最近観た韓ドラ『ミセン』で。

「成功とは？」

「自分がどう意味づけするかじゃないか？」

というセリフがありました。

唸りましたね。


ハッキリ言って、ＦＸに関わって10年、プロトレーダーからも大金叩いてしっかり教えを請い、別に詐欺にあったわけでもないのにキッパリやめたので。

これをハタから見る大半の人は、ただただもったいない、と、お思いになるのは至極当然、でしょうね。

基本、愚か者ゆえの戦法で大負けをし、もうＦＸをやっていく気力を十二分に削がれたのも事実。

でもそれ以上に、ワタクシ自身が感じている損失は、ＦＸに関わった10年という月日そのものなのです。

だからここからは、人によって正解は分かれます。

個人的には、今後も相変わらずお金に縁のない人生になるのかもしれませんが、いままで時間を作れずに観れなかった韓ドラに、思う存分浸りまくれるかと思うと、とても幸せな気持ちです（笑）。

お金があっても、馬鹿な奴と思われても、『梨泰院クラス』を知らない人生は、やっぱりやだなあ、なんてね。

こんなこと言うからダメなんですかね……。

3章

とりあえず、ＦＸに関わった10年を語ってみる

FXを始めたきっかけ

アアっ、思い出したくないことばかりなんですが（泣）。

きっかけは何だったんだろ。

時期は、２０１２年頃、あの東日本大震災があった直後だったんですね。

当時、個人として原発関連の本を読み漁っているうちに、認知科学者としても名高い苫米地英人氏の本と出会い。

他に、経済についても独自な語り口を持つ氏から、ＦＸを知った、という感じです。

いや、もちろんＦＸの存在は、その前から知っていたけれど、ＦＸをやってみようという行動に出るきっかけになったのが苫米地氏の本でした。

今、あらためて氏の本を読んで思うことは、取り上げる各々のテーマに対する切り口は本当に素晴らしいものがあるし、読んで知った貴重な話も沢山あるのだけれど、氏自身と違う立場に対しては、あまり理解を示そうとしない傾向にあり。

アドバイスめいたことでも、例えば、金持ち・貧乏でいうところの、貧乏になったことが実際にない？がために、氏は、貧乏人の心境というものには、はなから理解を示していない、と感じます。

自ら書かれた、ある金融関係の本で、氏は、「損切りができれば投資（FX）は勝てる」と豪語しています。

でも、それは、金持ちという立場だからこその意見でしかない、と最近は思います。

損切り（目減り）は、貧乏人には耐え難いものです。

金持ちは、塩は舐めるものですが、貧乏人にとって、塩は、傷口に塗られるもの。

これは、氏のみならず、教育そのものの難しさをも呈している気がします。


教える側に立つ人の中で、教えられる人の立場の風景がわからない場合、なんでこんな簡単なことがわからないのか、と、場合によっては思うこともあるのではないか、と。

でも、出来ない人は出来ない。

大事なのは、その、出来ない人ではあっても、その人自身のことはしっかり尊重し、互いの理解の糸口を探してあげること、だと思うのですが。

他人の立場に立つというのはやっぱり難しいし、結局は、理解し合えないことも多いと思います。

ということで、教える立場にある人は、相手の立場を理解するためには想像以上の労力が必要だということ、少なくともその自覚は常に持っておく必要があるのではないでしょうか。

あら、気を抜くとすぐエラそうに脱線してしまいます（笑）。

さて、ワタクシの体験談に戻りますが、最初は国内の某ＦＸ会社で、当時は貯金がなかったので銀行のクレジットで１００万円ぶっ込んで本も何も読まず、いきなり始めてひと月足らずで30万円ほどを一気に減らしてしまいました。

身悶えました（笑）。

利益も出したり、休止したり

さすがにこれではいけない、と、なにやらＦＸの関連本も買い込んで、独自で研究を重ね。

その後もスッタモンダを繰り返し、年明けからさらに50万円（これも借金）つぎ込み、1日2～3ｐｉｐｓの、いわゆるチキン利食い（笑）を、レバレッジ25倍で行い、なんと。

4か月かけてコツコツ、50万円作りました。

その後、当時読んでいた投資本の影響で、分割売買（レバレッジを低く抑えた取引を、数回、時間をずらして行う行為）なるものにも挑戦、勝ったり負けたり。

そんな小康状態を繰り返しているうちに、一度、やっぱりＦＸは怖いなと思い。

深手を負う前に、数か月休止をしました。

その時に記したブログが、今ではツッコミどころ満載の、「ＦＸなんて、やめなさい」（第8章に全文掲載）。

と、そんなものを自分で書いておいて、内心は、やっぱりＦＸ中毒から抜け切れていないなあ、という感覚でした。

実際、そのブログの中でも、「ＦＸを知ったら最後、知らない前には戻れない」と綴っています。

ということで案の定、あるきっかけで週足チャート（週内での高値安値〝足〟を時系列で表したもの）でのトレードに没頭します。

「ＦＸなんて、やめなさい」をやめたのです。

週足なんて、おそらく、いっぱしのＦＸトレーダーであるならば、まず手を出さないチャートです（苦笑）。

ところが。

そんなチャートでのトレードを繰り返しているうちに、あの、トランプVS.ヒラリーの大統領選を迎えます。

先にも述べましたが、あの戦い（ドル円の値動き）は、週足チャートでのトレードが意外にもうってつけでした。

あの時のトレード1回で、なんと50万円ぐらいのプラスだったと思います。


さあ、ここからです（笑）。

すっかり調子に乗り、その年の瀬には先の利益50万円も溶かし、さらに翌年、翌々年と、追加でつぎ込んだ資金も含め、あっという間にトータル５００万円ものマイナスという「実績」を叩き出し、ズブズブに崩れ落ちました。


もう、全く勝てない。

その時点で、ＦＸを始めて5年ほど。

「ＦＸなんて、やめなさい」を記して、一年後のことです（泣）。

一時は、大きな損失もせず、累計でプラスにした時期もあったのに。

ということで、ここで一旦、ＦＸから遠ざかります。

その期間、機会があって転職もしたし、結構、貯金にも励みました。

コロナ禍が、またＦＸ地獄へといざなう

そんなこんなで、すっかりＦＸも忘れかけていた２０２０年、東京オリンピックをやるはずだった年のこと。

同時に新型コロナウイルス感染症襲来の、最初の年でもあります。

個人的に、現在就いている仕事に極端な影響はなかったけれど、それでも淡い経済的不安は増大し。

前回の失敗を自分なりに分析?し、レバレッジのコントロールを徹底すると決め、とりあえず20万円のみで再度ＦＸを始めたのです、そして。

瞬く間に、海外の会社に乗り換え、資金は２００万円に増大、レバレッジも５００倍

全開（苦笑）。

そのかわり、その年は、ホントに（自分なりに）大丈夫だろう、というタイミングでエントリーし、１ｐｉｐｓでまたまたチキン利食い（でも、その１ｐｉｐｓで、なんと10万円！）。

それをなんとか6回繰り返し、60万円作りました。

もう、いわゆるプロトレーダーから見れば、それ、ゼッタイやったらアカン！という手法で、でも、曲がりなりにも60万円です。


そして、年が明け。

再開時のレバレッジコントロール、そして資金管理。

いわゆる初心、というやつをすっかり考えなくなったワタクシ。

また無謀にも、２０２１年は、利益２００万円もの目標（つまり、１ｐｉｐｓを20回やるという考え）を掲げます。

とりあえず、1月はＦＸをお休みし、2月に入って確定申告を済ませてから再開、確定申告を済ませたその週に。

逆に資金２００万円ほぼ全額、溶かします（笑）。

2月ですよね、寒いです。

いきなり、そんなことになってしまった自分が、その後どういった行動に出たかというと。

とにかく、独自路線はダメだ、ちゃんとFXを学ぼう、と。

数日、サイトなりYouTubeを見渡して、この人ならば、しっかりした考えや手法を学べるのではないか、といった方を見つけ出しました。

結論から言うと、その方からFXを学べて、本当によかった、と思います。

誤解を恐れずに言うと、今、FXを思い切ってやめられたのはその方のおかげ、と言ってもいいです。

その方からは5か月間ほど、FXについて学ぶこととなりました。

ここでは、その具体的な内容について触れることはしませんが、手法はいろいろあれど、要はチャートの環境認識をどれだけ深く読み込むか、その読み込みが深ければ深いほど、エントリー、そして利確（利益確定売り）するまでの精度が上がる、ということで。

例えて言うなら、昔のモノクロ写真が一枚、あるとしましょう。

その写真、情報が極めて薄く、どこで撮ったものかわかりません。

それが、実際の色が何色か、いつ撮ったものか、スマホでやるようにスクロール拡大して読めなかった文字が読めるようになる、あと、場所はどこか。

要は、モノクロの写真一枚を、見ただけではわからない、気づけない情報を、他からも沢山仕入れて知ることが出来れば、それがなんの写真なのか、ということがより深くわかるのと同じで。


そのチャートが、なんでそういう形になるのかを、ファンダメンタルズ分析（多国間による、いままでの経済や社会情勢により、今後の為替の傾向を読み解くこと）にしろ、テクニカル分析（値動きのチャートの形の傾向から今後の動きを読み解くこと）にしろ、他にもまだ取り入れていない情報を新たに取り入れて、認識すればするほどに。

ここぞというエントリー、そしてその後の利確のタイミングの精度がよりよく読めるだろう、ということです。

ただ、どんなに精度がよい情報を仕入れても、それで１００％には絶対にならない。

だから、そのリスクをとったエントリーは常に心がける必要がある。

とまあ、ワタクシが、その方からＦＸの何を学んだかといえば、そういうことだったのでした。

ちなみに、現在は、いわゆるリモートで、パソコンの画面を簡単に複数人で共有できる時代。

Ｓｋｙｐｅもあるし、すこぶる安価で、遠くにいる人と、まるで隣にいるような感覚で接することが出来る、昭和～平成世代からすれば、ものすごい時代。

そんなことも体験できたことは、多大なる副産物でした。

ということで、その方からマンツーマンで５か月ＦＸを学び、そして、その方のメソッドによるリアルトレードに移行します。

とにかく、自分なりにではあるけれど、真面目に素直に取り組み、確かにその方独自の環境認識を教わることが出来たので。

ある意味ワタクシ、そんじょそこらのトレーダーよりもしっかりした環境認識が、やめた今だって出来るかもしれません（笑）。

それがリアルトレードに入ったとたん、ワタクシは易々とそれまで教わったトレードルールをぶち破ります。

ルールをぶち破ったので、もちろん自己責任です。

自己責任なんですが。

同時に、ルールを守れない「人種」なんだ、ということも悟りました。

ぶち破ったルールは、やはり、というか、ズバリ、レバレッジのコントロール放棄（レバレッジ全開でのトレード）です。

最終の結果は、先の溶かした200万円と合わせ、さらに300万円、その時期に関しては累計500万円溶かしまして。

またそこまでの道のりが、なんともいえない、とてつもないドラマチック？なものを帯びてしまいました。

5か月の学び期間を終え、リアルトレードに入ってから、もうやめると決めるまでの2か月間。

まず最初、レバレッジは教わったルールに則ってトレードに踏み切ったのですが、運悪く、いきなりマイナス30万円にしてしまい……ここで、自身の「人種」が顕になります。

先の30万円マイナスは、教わった手法では、月で見れば一応、許容範囲内ではあって。ここは、長い取引をする中で「ま、そういうこともあるさ」と気持ちを切り替えるところだったのだけれど、自分みたいな「人種」は、そうはならないのです。

その30万円は、レバレッジ全開にすると3ｐｉｐｓで取り戻せる、と、たちまち考えるようになる。

ということで、ルールを破ったその日に、プラス30万円作ってプラマイゼロにしました。

そして。

なんといっても、教わった環境認識が功を奏し？ひと月でなんと２００万円作り。

ＦＸの勉強をする直前に溶かした２００万円を取り戻したのでした。

そこでやめればよかった？　やめられるわけがありません（笑）。

その後、そこから1日で逆に１００万円溶かし、さらに１００万円溶かし。

それからまた１００万円ほど作り、そこから一挙に２００万円溶かし……つまり元手も１００万円ほど失う。

もう、完全に冷静ではなくなってしまったワタクシ、これが最後、という気持ちで新たに100万円追加でつぎ込み、その一発目のトレードの日が、よりによってFOMC（米国の金融政策を決定する会合。年に8回開催され、その時々の景況と金利政策を発表、その結果が市場予想と違った場合、為替レートなどが大幅に変動することがある）の日。じわじわ目減りしていき、夜中の3時頃、急な値動きにチャートが反映されず、ズドッと強制ロスカット。

おおっ、これで、その年もマイナス500万円、そして10年の累計、マイナス1000万円。

あらためて、10年のカネの動きをザックリ記してみると。

【2012～2015年】

−30万円（損失ドカン）＋50万円（コツコツ利益）−20万円（トータル損失）≒0（トントンでちょっとお休み）

【2016年～】

＋20万円（なんとなく利益）＋50万円（米大統領選トランプ勝利ドカン）－２００万円（調子に乗って損失ドカン）－４００万円（トータル損失）≒－５３０万円

【２０２０年】

－40万円＋１００万円（レバレッジ５００倍のチキン利食いで利益）≒60万円（初の確定申告）

【２０２１年】

－２２０万円（ドカン）＋２００万円（ひと月で利益）－２００万円（一日でドカン）＋１００万円（確か半月で利益）－２００万円（ドカン）－２００万円（ドカン……）≒－５００万円

なんてドラマチック?なことでしょう（苦笑）。

大損こいて撤退する人は、たまに大金を稼ぎ出すことで、かえって本来の撤退時期を逃し、ただただドツボにハマるのです。

正に、利するも実績、損するも実績（ワタクシが直接ＦＸの手ほどきを受けた、塾長の談）。

というわけで、この章は、あえて他人様にも、ワタクシ自身が「なんて馬鹿なことをやったんだ」と思った顛末を晒し、脳内償還するために記しました。

と同時に。

後々大笑い出来るようにもなりたいと思う次第でございます(-_-;)

4章

1000万円は、どのくらいの価値？

あらためて、1000万円、デカい額？

ひと口に1000万円、と言いますが。

もちろんそれなりにデカい金額ではあります。

しかし、人の立場や見方によって、当たり前ですが、その価値は大きく変わります。


近年の年金受給問題。

その受給以外で他に2000万円必要などと言われ、世に衝撃が走りました。

今の日本では、仮に一世帯でどんなに節約生活に励んでも。

1000万円、5年に満たない間で跡形もなくなるのではないでしょうか。

ああ、この国の選挙に出るための条件といわれる供託金も、確か数百万円はしますね（笑）。


逆にお金を沢山持っている人からしても、これまた1000万円など微々たるもの。

海外セレブが好んで使う？プライベートジェット、そのレンタル相場はなんと

1000万円前後。

一般庶民でいうところのレンタカーを借りる感覚で、お空を一日飛んだだけで1000万円なくなるんですね。

ちなみに年間1000万円単位で稼ぐ人にとっては、税金として持っていかれる額も1000万円単位。

元来、それぐらい稼いでいる人であるならば、FXなんてものには、さほど魅力は感じないんでしょうけれど。


それはそれとして。

FX含め、投資全般で、1000万円単位で、儲けた・損したという話もウジャウジャあります。

一番の有名どころは、ジェイコム男（2005年、当時のジェイコム株の誤発注を見逃さず、巨額の大金を得たことでネット上で話題になったことから「ジェイコム男」との異名が付く）という、株で一瞬にして数千万ドル稼いだという話。

日本円で1000万単位どころか、10億単位（汗）。

他に、知る人ぞ知る与沢翼氏の栄枯盛衰、あのマック赤坂氏も、彼自身の著書（『何度踏みつけられても「最後に笑う人」になる88の絶対法則』幻冬舎、2013年）で明かしていますが、一時期、投資にのめり込み、2億円ほどの損失を被ってしまったとのこと。

まあ、あのお方は元々の事業も順調であるのに輪をかけて、スマイルがモットーのポジティブ思考で、特に気にされてはいない？と思いますね。

FXでも、個人的に数々の逸話を耳にしています。

最近、ネットで知った話では、数百万を元手に、なんと6億円稼いで、それをほとんど溶かした、とか。

……6億あたりで、なぜやめない。

損失で言うならば、ワタクシ以上に大損こいた方も沢山いらっしゃいます。

だからどうだという以前に、多かれ少なかれ。

そんな経験をダイレクトにしてしまえば、皆、腹の中の腸がよじれるような、まるでホラーを地で行くような感覚に陥り。

やがて、モノの価値が地盤沈下を起こすような妄想に囚われるようになり、そして、世の中なんて案外いい加減なもの、といった心境に落ち着くのです。

マイナス1000万円の代償

まあ、こういった話の真意はともかく、そんな方々に比べればワタクシ、1000万円を溶かした、と、ことさら強調するのも、案外憚れてしまうのかもしれません。

ただ、ワタクシとしましては、個人の貯金ペースで1年、ほぼ100万円。

よって10年で1000万円ということになり。

本当に貯金以外、何もしなければよかった（泣）と嘆く日々ではあります。


でも、考えようによっては、こちらの数十倍、もしくは気の遠くなるような財を築いた人も、そしてチンケなこのワタクシも、世の中で生きられる時間はほぼ一緒。

たかだか1000万円で、FXの本質めいたものにたどり着けたのであれば、そのコスパたるや、何物にも代え難い価値です（苦笑）。

ということで、最後の「主張」になだれ込んでみます。

余談ではありますが、ワタクシの今の職場、お恥ずかしいですが、同僚間の雇用形態の格差で、ともするとアイツはどうだこうだ、と無意味な悪口に発展することは日常茶飯事です。

こういったことがもっと悪化すると、普通に働く、という環境の崩壊に繋がりかねません。

それ以上に、巷における、各種ハラスメントで賑わうような、典型的ブラック企業は、残念ながらさらなる不景気で増加の一途をたどっているようです。

そして、うっかりそういったところで働かざるを得ない、となった時、本当に生活と、その先の人生設計というものに陰りを帯びやすくなり……いつまで経っても未来に希望を見出すことなど、当然ながら出来やしません。

そして。

そういった実体経済における理不尽がいつまで経っても解消されず、自分たちの努力が相応に反映されないのもまた、いたずらにFXなどにのめり込む人たちを増やすことに繋がってしまう、と思われるのです。

これ以上は、ワタクシの専門外になるので述べませんが。

これからFXをやってみようと思っている皆さん、いや、FXにふらつきそうになった皆さんが、いままでこちらが述べてきたFXの本質？を幾ばくかでも理解してもらえたなら、そして、自分がその道に進むかどうかの分かれ道にしっかり立ち、決断するのであれば、少なくともワタクシの二の舞いにならぬようにホントに気を付けていただきたい。

自らの脳内、というか思考回路にまで、レバレッジ全開といった〝症状〟（もう意味不明の領域）に侵される前に、ぜひ考え切ってもらいたいと思います。

絶望の淵？から曲がりなりにも這い上がってみて。

その経験から、もし自分が悟ったものがあるとすれば。

それは投資や起業、とにかく自分が今の現実から脱却したい思いに駆られて行動に移す時、そこには常に不安と恐怖がセットになって付きまとう。それからは逃れられない、ということです。

でもその経験をすることは、同時に新しい物事にチャレンジするハードルが下がることでもあるような気がします。

まあ、みんな同じようなものでしょうね。

また一歩を踏み出すしかありません。なんて今は思っています(-_-;)

5章

ＦＸで、大金を溶かした時の心境、とは

どん底心境の、アラカルト

個人的に、一番きつかったのは、先にもお話しした、確定申告後に一気に200万円を溶かした時です。

たぶん自律神経をやられたのだと思います。

2月の真冬なのに、汗をかいて眠れません。

その翌日の仕事は夢遊病のように出社。

でも周りには、自身の呆然自失の心境など、おくびにも出せません。

もう、めちゃめちゃ泣きたいので、思わず呻いたのに、涙が出ません。

そんな感じでした。

それがワタクシの場合は1～2日で済んだけれど、もし長引くようなら、確実に病院へ行くレベルだったと思います。

次元は違いますが、スノボの某パラアスリートの方は、片足を事故で失った瞬間、割と冷静に、ああ、片足を失ったら義足を着けてスノボをしよう、と思われたそうです。

性格や当時のメンタルもあるのでしょうが、もちろん皆が皆、同じように思えないでしょうから、その未練の断ち切り方は凄まじいものがあるのでしょう。

誰にも真似のできない芸当、かもしれません。


ただ、自分があの真冬の2月、自身の気持ちがあれ以上、深みにハマらなかったのは、無意識にでも未練の断ち切り方を、なにか、心得ていたのかもしれません。

元々、ＦＸを始める前に、ある意味、お金に対する極端な幻想（いわゆる、世の中お金が全て、というような外的価値観）は比較的、薄かったのです。

その価値観を、自分自身にも全面的に当てはめてしまっていたならば、おそらくは深刻な鬱病に苛まれていたかもしれません。

と、頭ではわかっていても、元々お金に余裕のない「人種」である以上、ホントに危なかったかもしれません。


ＦＸを始めて間もない頃、同じくＦＸで大金を溶かした人が、もう所持金が100万円しかなく、その金が尽きたら自殺する、と銘打ったブログを見たことがあります。

確か、自殺の日時も決め、その日までブログを綴っていました。

内容は、それまでに旅行に行ったり、なにかを食べたりといった日常の記録を記していて。

時たま悔やんでも悔やみきれない恨み節、も語っていたように思います。

実際、自殺したと思われる日で、そのブログは終わっていました。

本当に自殺したのかどうかは、もちろんわかりませんが。

もし、その方が自殺を実行してそんなブログを残したのならば、ある意味、その決意の裏には凄まじいまでの絶望（外的価値観の内在化）があったのだろうと考えます。

普通の人とクズ人間の、分かれ道

さて、ワタクシも同じような状況？になって、実際、いままで経験したことのない絶望というような感覚には、確かに一瞬でも陥ったのかもしれません。

なにせ、累計1000万円溶かしたんですよ、1000万円（笑）。

当たり前ですが、FXに手を出していなければ、そのまま残っていたお金です。

ジープの新車が2台買える（うどん何杯食えるみたいなレベルなのか）。

冗談はさておき、個人的に1000万円という金額は、いままでの人生で未だにちゃんと手にしたことがない、という意味で、やっぱりデカい金額なのでした。

だから、今後の人生の経済的な面からいっても、なんて馬鹿なことをしたのか、といった後悔はしてもしきれません。

でも、極端に、自分の命を絶つといった心理には、陥りませんでした。


まあ、今の日本は、他の国と比べても自殺大国といわれて久しいのですが、それでも、自殺をするような人は稀だと思うし、やっぱり、自分はそこまでいかなかった、ある意味ポジティブな、大半の普通の人、だったようです。


さて、大半の普通の人とは、どういうことか。

今、実は、この「普通の人」でいられている喜びを、あえて1000万円をなくした時点で、深く噛みしめているものであります。

具体的には、健康であること。

本当に当たり前のことなんですが。

でもちょっと違った観点から、この「健康」について語ってみます。

例えば、怪我をすれば体内の治癒力でもって自然と傷が癒えていく。

ちょっと極端かもだけれど、先のアスリートの事故のように足が切断されるような事態になっても、その部位の血管は、急速に収縮し、体内においても止血を試みる、とのことです。

泣けば、大概のことはそれで気が晴れるし、嫌なことがあった時の対処法やストレス発散は、皆、それなりに持っているものです。

「健康」とは、すなわち、体も心も、生きようとする意志で充満している、ということです。

その健康力というものは、強ければ強いほど、いいに越したことはない。

最近のワタクシにとっては、それが韓流ドラマと言ってしまうと、身も蓋もなくなるので（笑）。

その力の付け方を、いわゆる専門家ではないけれど、それでも一般では味わえない辛苦?を舐めた、ワタクシの観点で申し上げるとすれば。

自分本位（自分のことしか考えない）の考え方からは遠ざかる、です。

かといって、極端に、人のためになにかできることはないか、を日々考えて過ごす、なんて、そんな聖人君子的なことではありません（だんだんなにかのセミナーぽくなってきましたか？）。

全然難しく考えることではありません。

道を譲ったり、落とし物を拾ってあげたりといった、自分が出来る範囲で人助けをするといったレベルの、普通に周りに気を配ること。

そして世間の大半の人は、程度の差はあれ、そんな人たちですよね。

再度言いますが、FXで稼げても、それは実体経済ではないし、また、それにのめり込むことで労働意欲は比較的そがれやすくなります。

すなわち、FXにのめり込むと、よほど自分で気をつけていなければ、自分のことしか考えられないような「人間のクズ」になり果ててしまいます。

投資とは関係ないですが、その「人間のクズ」の一例。

仕事でワタクシ、あるバイトと一緒に行動を共にしていたことがあって。

その人、前の仕事でリストラされたらしく、終始とても元気のない人でした。

話す言葉も愚痴ばかりでメンタル疾患の一歩手前、というか。

あと、気になったのは、当時独り身で、その人、結婚できない自身の甲斐性のなさを棚に上げ、女性蔑視の発言をする人だったのです。

ワタクシ、あまり仲良くならず（笑）適当な距離であしらっていたのですが。

ある日、再就職が決まったとかでバイトを辞める直前に、少し言葉を交わしたのだけれど。

その人、いままでとは様子が一変、てか、もろ高飛車な感じになっていました。


結局、今、ザックリ2つの道があって。

大半の世間の人として、普通に共に生きるか。

それともカネの一面的な価値だけで、グロテスクに自分本位で生きるか。

世間の、いわゆる仕事には、残業という概念があるけれど。

同じ仕事でも、キビキビやってNO残業、ダラダラやって残業3時間。

FXであれば、後者を選ぶようなものですが（笑）。

人として、それはどうなのか。

どちらにしても、生きにくい世の中ではあります。

ではありますが、これからの時代は、人として生きることの意味をあらためて見つめ直さないと、どんどん人も世の中も追い詰められていくような気がします。

とまあ、そんなこと考えている場合か、とツッコミいれられてしまうことを、あえて考えることこそが、案外、FXで1000万円溶かした（本当にくどい）人間が、前向きに生きていける対処法、だったりして。

まあ、ある程度、時間が経ったことで、少しキレイごとのような分析に読み取れるかもしれません。

実際、例えば自律神経をやられれば、ホントにいろいろ、ロクでもない心情に侵されて。

人によっては犯罪など、人の道を踏み外すなんてことにもなりかねません。

先にも述べましたが。

ワタクシの場合、結果として、これ以上、大事には至らなかったのは、自分自身を「客観視」できたことでした。

自分の場合の「客観視」とは。

ある意味、自身の救いようのない現実を受け入れることです（笑）。

なんというか、ワタクシってホント凡人、いや、それ以下。

間違っても「俺は周りとは違う」などと思わない、いや、思えない。

同じかそれ以下だよ、どこから来る、その自信（泣）。

ＦＸでちょこっとでも稼いだ状況に陥った時には、もしかして俺には才能があるかも、なんて、そこは誰でも思うでしょうね。


そしてここからが普通の人とクズ人間の、分かれ道。

クズ人間は、そこから勝てなくなれば、その現実を受け止められずに、どんどんドツボにハマっていく。

そう、お金に余裕がない、以上のドツボに。

こういう人は、カルト宗教にでもハマれば、いわゆる選民思想に行き着くかもしれませんね、怖い怖い。

要するに、クズ人間って、自分のことをクズ人間と認められない人のことでしょう（笑）。

あらためてＦＸを通して、自分の現実を突きつけられたなら。

一にも二にも自分を「客観視」して、今後の人生、今一度。

どう生きるかを選択するしかないでしょう。

絶望に近い経験も、ワタクシ、図らずもしたかもしれませんが、なんのことはない、元々いるところがそんな所でしょ。

『梨泰院クラス』って、実はそんなテーマのお話だったですね、はい。

『ワンライン／5人の詐欺師たち』という韓国映画で。

主人公の詐欺師が、「自分が生きるために他人を不幸に陥れるなんて、幸せなもんか」とのたまわってます。

まあ、その辺は、皆それぞれが考えるテーマとして。

そこからまたどうやって生きるかは、別の話。

いままでの自分のやり方を十分に反省して、でもＦＸをやることが、その人なりに意義あることと思えるのなら、またＦＸにリベンジすればよろしい（現に、過去、ワタクシ以上の損にマミれたにもかかわらず、今は立派にプロトレーダーとしてやっている方も幾人か知ってます)。

あの与沢翼氏の本を読んだことがあります。

彼はここで語るまでもなく、一時、膨大なる富を築き上げた後、転落もバッシングも味わい、再起された方ですが。

再起できたのは、ワタクシが語るのもおこがましいですが、やはり基本、まずはいままでの自自身の強固なプライドを根こそぎ捨てたからなのでしょう。

「恥をかく人は成長します。恥をかけるというのはとても強いということです」と、彼自身、述べています。

そして、そうやって書かれた彼の本は、今、自分のようなどん底?に置かれた人間にも強烈に刺さっています。


かくして。

自分自身の現実を、容赦なく突きつけられた、という意味で。

ワタクシにとっては。

FXを経験して、本当によかったのでした。

って、ホント、いつか心底思えるようになれるかなあ(˜_˜)

6章

FXの本質、にたどり着くプロセス

そもそもの物事の本質論

ワタクシ、根はゲスいので（笑）芸能界などの暴露系YouTubeを観るのが結構、好きです。

俳優・女優のダレソレが、個人的にとても好きだった場合ほど、かえって、そのえげつない暴露は、軽くショックを受けたりします。

月並みですが、もちろん世間において賛否両論はあるだろうし、暴露をし始めたら最後、人によっては確かに命も危なかろう、と、ああいった世界には全く疎い自分みたいな者でも、なんとなく推察は出来ます。

でも、他人事論調であえて言うなら、芸能人の、いわゆるダークな週刊誌ネタ以上のモノが、テレビなどのメディアを乗り越えて、誰にでも気軽に触れることが出来てしまえるという状況は、良くも悪くも「時代」ということなのでしょう。

なので、ああいった芸能の世界が、ごく一般人のレベルで、とても身近に凝視出来るようになってしまったことにより、誰もが、その有名人の、人間としての多面性を垣間見ることが、一昔前に比べて一段と容易になってきたと感じます。

典型的なケースとしては、暴力団との付き合いを取りざたされるような有名人。そのほとんど?が、同じ業界で親しくなる人には、とても面倒見がよかったりと、要するに恩義を感じてしまうほどの人格者。

でもそれが、そうでない人（おそらくそれは、同様の思想信条やら利益を共有できない、という点で）にとっては、非常に冷酷であったり、ともすると暴力的であったり。そして、そういう人が、極端に大物になった場合、政治の世界にも影響を及ぼしたり、とこの辺でやめときましょうか（汗）。

あと、最近、韓ドラを観ることによって個人的に注目している韓国。

実はワタクシ、いままで韓国文化に対し、そんなによいイメージは持っていなかったです。

極端に韓国を偏見で見ているような人たちほどではないと思うけれど、某レンタルビデオ屋での、韓ドラコーナーがエリアの大半を占めていたりするのを見ると、なにかの陰謀か、と勘繰ったりして（笑）。

でもこうして自ら韓ドラにハマってみると、ヘタすると、いままで観た、海外も含めたあらゆるドラマや映画の中で、自分の中ですでに韓国勢が上位に食い込んでいたりしています。

ということで、恐ろしや、韓国芸能。

政治の世界でも、その当事者の多面性は、顕著です。

昔も今も、国会では与党、野党、時にはイヌ・サルではないかと思うほどの激論を交わしています。

でも､例えば予算委員会が終わってからの､首相が野党のそれぞれの党首をねぎらう？といった機会の時に。

ある野党党首は、あれだけ攻撃的な論戦を交えた首相のお人柄に、まるで気のいい近所のおじさん、との印象を持った、というコメントが。

おそらく、もし、政界を離れたところでこのお二人が出会っていたなら、とてもよい関係を築いたことでしょう（笑）。

要するに、その個々の本質は、局所的・一面的に見たものがそのまま大局的に同じものだとは必ずしも一致しない、ということです。

ヘタすると真逆になることもあり得る。

閑話休題。
それはＦＸも同じ、ということで。

ＦＸの本質

ＦＸを局所的に、ギャンブルにする「人種」がいる。
同じく、局所的に、ＦＸで儲ける「人種」がいる。
だから、大局的に見れば、ＦＸにもそういう多面性があるのです。
ＦＸというシステムそのものに、善悪はない。
だから、ここであらためて。

《ＦＸに向いている人》
①まず、経済的・精神的に余裕のある人。
②ＦＸを、優雅にコーヒーカップ片手に楽しめる人（笑）。
③他に趣味がない人（苦笑）。

④四六時中、ＦＸと関わっていても苦にならない人。
⑤レバレッジに計画性を持って、自身の衝動をコントロールできる人。

以上、これら5項目全てにちゃんと当てはまる人は、ＦＸに向いていると思います。

逆に、これらの項目に一つでも当てはまらないのならば、ＦＸはやめたほうがいいです。

特に③の趣味について、捕捉します。

趣味にもいろいろあるし、時間が空けば、息抜きに、などと思う人がいるかもしれませんが、その考え自体が間違いです。

ワタクシが10年かけて１０００万円溶かしてわかったことの一つは、ＦＸを趣味に出来なかったことが、そもそもの敗因であったと痛感しています。

まず、ＦＸそのものを趣味に出来て、初めて他の趣味も持つことが出来ます。

と、ここまで読んでいただいて、お気づきの方も多いでしょうか。

そうです、５項目全てにちゃんと当てはまる人はほとんどいません（笑）。

やはり、というところに落ち着くのですが。

世の中、それ相応にいわゆる「大金」を手に出来る人間は、とても限られている、ということです。

「大金」を手に出来る人は、それ自体を、とても簡単に思うようです。

でも、そんな人が、貧乏な環境に一から身を置くならば、やはりそこから「大金」を手にするのはとても難しいでしょう。

ということで。

FXをギャンブルにしてしまう（向いていない）人。

ワタクシが語るのもナンですが、別に嘆くことはありません。

中には生活の苦しい方もいるかもしれませんが、FXの、あの損切りをしなければいけない過酷な状況に比べれば、他の苦労は、割となんとかなりそうです（笑）。

自分は元々、いろいろ趣味があったのですが。

その趣味が、FXをやっていた時は思いっきり楽しめなくなっていました。

そして、FXから離れた現在。

趣味というものがあるのは、とっても幸せだな、と、あらためて実感しています。

だいたい、趣味というか、人生、どうせ生きるなら楽しまないといけません。

ＦＸが面白い、と思うならいざ知らず。

自分にとって、ＦＸよりも面白いものがあるというのであれば、面白いと思うものを優先するべき、なんです。

こんな、誰にでもわかることを理解することなく、10年を無駄にしたのでした……。

大金を気軽に手に出来る時代、というのは本当か？

今はテレビのＣＭも、ＹｏｕＴｕｂｅの広告も、ＦＸ含め、投資やりましょ、儲かりまっせ（とは言わないか）なんて、小うるさい人たちで溢れ返っています。

ワタクシがＦＸを始めた頃は、まだ、そんな広告なんてあまり見かけなかったと思うんですが。

自分なりに分析しますと。

このニッポンは、国会や芸能記者会見など、いわゆる公の場で根拠の乏しいものである発言や、明らかにウソと思われるようなパフォーマンスが繰り広げられているので、おのずと日常で垂れ流されるお話も、いまや平気でウソ、大げさ、紛らわしい（by

JARO）が横行している、ということなんでしょうね。

そんなうさん臭い話には、もちろん大半の常識ある人たちは乗っからないのがほとんど。

でも悲しいかな、ある一定数の方々が引っ掛かるのも、いわゆる世の常。

どこぞの宗教や、怪しげなオンラインサロンやらセミナーに入ろうとも、それでお金がむしり取られようとも、当の本人が納得しているのならば、どうぞ、お好きにしてやって、となります、が。


そもそも、広告の真の目的は。

その商品を多くの人に知ってもらう目的は。

それを多くの人に対価をもって利用してもらい、その人たちが、今よりも幸せになってもらうことこそが真の目的のはず。

ホントに、この至極当たり前の原理原則に当てはめて考えた時、今、巷で垂れ流されているCMは、FX一つとってみても、ダメダメですね。

タバコのCMは、誰かれ構わず吸っていいワケではないので、ちゃんと年齢制限を謳っているじゃないですか。

ＦＸ含め、いわゆる儲かりまっせ系の商品全般、もし、自信をもって勧めるのであれば。

利用者による契約の際の免責事項などは、テレビの画面で読めもしない小さい字で、しかも0コンマ数秒枠で流すなんてことはせず、これでもかこれでもかとミッチリ、どんな人にでもわかりやすく解説することなんじゃないですかね。

ハッキリ言いましょう。

巷で垂れ流されるＣＭでＦＸ会社が自身を宣伝する以上、それを利用する顧客に対して負わなければいけない責任は。

過度に利益を期待させるようなＣＭをするのであれば､顧客には必ず利益を出させる。これに尽きます。

それを徹底するには、20歳に満たない人間に、タバコを吸わないようにと促すことも、キチンとしなければいけないのです。

ＦＸの怖いところを一つ、あらためて挙げましょう。

ワタクシのような「人種」でも、10年関わってしまった中では、超絶短いスパンで見た時、ある時期では3~4か月で50万円、海外FX業者に移行してからは、ひと月で200万円作ったことが2回もあったり。

その時に持った自身の感覚としては。

ついに、自分が大金を気軽に手に出来る時代がキター‼でした。

20歳に満たない人間が吸うタバコの味は、成人してから吸う味よりも案外うまかったりして。


ということで。

FXを多面的に見た時、そのシステムの中にFXの善悪はありません。

あくまでFXに関わるこちら側の問題。


自分の稚拙な手法を棚に上げ、安易にギャンブルと決めつけたり。

でも、各国の社会情勢が多かれ少なかれ、為替に連動している以上、そこを糸口としてFXの研究をする人が沢山いらっしゃるのも事実。

そこで編み出されるチャートの形に、ある種の芸術性を見出す人がいるのも事実。

そして、いままでのトライアンドエラーを繰り返す中で、嬉々として？FXで常に利益を叩き出している人がいるのも事実。

そういった人たちの中から、プロのトレーダーも生まれます。

そして。

残念ながら、自分のようにＦＸに向かない「人種」がいるのも事実（苦笑）。


今、ＦＸで大金を溶かし、ヘタすると自殺してしまったり。

でも、そういう人は、本当に自己責任、でしょうか？

ＦＸのＣＭで、そこそこのタレントを使うことは、もちろん悪いことではありません。

中にはそんなタレント自身がＦＸをやっていたりもするのでしょう。

でも、同時にそれが、ともすると未だに誰にでも簡単に稼げる、といった印象操作と感じてしまう。

本当はそんな簡単ではないこと、ちゃんとわかっているのかいな、と勘繰ってしまう、という。

医者が、効果を裏づけるデータに乏しく、非常に副作用の発現率は高い、もちろん効くかもしれない、でも効かないかもしれない、そんな薬を患者に勧め、飲むのは自己責任と言っているような。

それが現在の、ＦＸ業界にまつわる、現状に思いますが。
どうでしょう。

7章

FXのお勉強

知らずに損をするのは、もったいない？

唐突ですが。

僕は、あの、ひろゆき、の書いた本はよく読みます。

では彼のファンなのか、というと、そうでもないです（笑）。

彼のエキセントリックな主張や行動には、きっと多くの人がその賛否を突きつけているのでしょうが、短絡的にそう決めつけるには、ちょっともったいない気がします、ひろゆきという人は。

才能があり、また努力だって惜しまないからこそ現在、曲がりなりにも実業家としてあらゆるメディアに出没している彼が、今の（お金を持っていない）若者や貧乏人に対して、結構、耳触りのよい言葉を発していることに、とても違和感があり。

誰も楽に生きられないこの世の中で、楽して生きればいいじゃん、と言う彼の真意は如何に。

彼に限らず、好き嫌いという感情論にとかく陥りがちであるなら、あえてそういう人の主張もキチンと精査してとらえることにも惜しみなく労力を費やしてみると、案外、新たな発見があるのではないでしょうか。

すると、その本質が、実は自分自身の弱点や愚かさをあぶりだされることでもあったりして、とてもイタく（苦笑）。

でも、それを拒まない勇気を持てれば、自分の成長にも繋がれるのではないかと。

……なんて、ぜんぜん高尚な思いなどはなく、単なるやっかみ半分であることは、悲しくも認めます（泣）。


さて、変な前置きが長くてごめんなさい。

ひろゆき氏の著書の中に「ＮＩＳＡやｉＤｅＣｏが得なのは誰にでもわかる。それすらも調べられないのであれば、投資なんてしないほうがいい」という名言があります。

元首相の安倍さんが、割と国民に投資を促すような発言をしたことが一時あって、そのうさん臭さ?から、ＮＩＳＡについての知識は個人的には多少あったけれど、要は、投資をやるに当たり、他にも知っておかなければいけないことは沢山あるので、そういう意味では、ワタクシの場合は「投資なんてしないほうがいい」と、ひろゆき氏から言われてもいいくらい、勉強していないことが多過ぎるのです。

それは、単に、勉強するほどの発想がない、ということです。

そう、興味というより、発想がない。

ワタクシが子供の頃、お年玉で預けたお金に利子が、年で3、4％付く金融商品があり。

そんなことがあったな、といった記憶は自分の中におぼろげながらあれど。

ひろゆき氏のように、もし貯金が何千万円かあれば、その年利でなにも働かずにダラダラ過ごせる、という「発想」がなかったのです。


この違いは、もはや「人種」で表せなければいけません。

そんな発想を持てない「人種」であるのならば、やはり、むやみに投資、特にＦＸという、始める前の下準備、お勉強がとことん必要なものに関わることはやめるべきなのです。

ＦＸを教えます、という人たちはアリなのか？

ということで。

ここから、ＦＸをやることへの意欲があり、かつ、お勉強したい、出来れば直接ご教示いただける、講師のような方から学びたい、と思っている方へ。


結論から言うと、ＦＸを通して投資技術をちゃんと学べる環境は存在します（ＦＸから離れたワタクシが言うのもなんだけれど）。

ただ、ちょっと難儀なのは、ＦＸを教える側の人・機関の中には、詐欺まがいの内容がべらぼうに多いという現実です。

まず、書籍になっているＦＸ本に関しては、あらためて繰り返しますが、そのほとんどが使い物にならないと断言します。


余談ですが。

アメリカからやってきた某お笑い芸人さんが、以前出した投資本があります。

その本は、そもそもＦＸを推奨していないし、レバレッジとは無縁の、比較的安全と思われる（もちろん絶対安全とは言い切れないけれど）株取引などを紹介している内容で、そういった、何年もかける長期取引が前提の投資は、もちろん、それなりに有益と思われます。

しかし、あいにく、お金に余裕のないせっかちな「人種」は、デイトレードのような、ある程度でもレバレッジをかけ、すぐに結果が出るものにしか興味が湧かないのです。

そして、ＦＸのみを対象とした書籍、と絞った場合、そのセグメントの中では、特にレバレッジの扱いについて有益に語られているものがほとんどないのではないか、と思います。

そんな現状で、じゃあ、どうやってＦＸをちゃんとお勉強できる本や人（講師）を探したらいいの？？

ＦＸにそれなりに関わって10年ほど。

特に、ＩＴ環境にそれなりの変化が生まれていることがヒントになります。

まず、ワタクシがＦＸを始めた当初にはなかったけれど、現在、あるもの。

まずYouTube、それから、パソコンでの通話、リモート、遠隔操作、画面共有、といった、安価（というか無料）なアプリツール。

あと、主に海外ＦＸの業者を利用するなら、その親和性がダントツの〝ＭＴ５〟というチャートツール。

これは独自で線を描いたり、色を変えたり、はたまた自動売買ツールを作成出来たりと、他より一歩抜きん出る環境認識をする上で、とても頼もしい機能が揃っています。そして、そういったものを、現在、手取り足取り教えてくれる人がちらほら出てきています。

言い換えれば、パソコンを通して、直接マンツーマンで授業を受けるような感覚のＦＸ塾なるものが存在し始めている、ということです。

実際、ワタクシ、それらのツールを駆使されている某ＦＸ塾にて、半年、講習を受けました。

やっぱり、直に教わるとなれば、その評判にも影響するので。

講師からは、ＦＸに関して自ら確立した内容を、誠実に教えてもらえます。

結果、確かに、講義を受けたことについての満足度は、ほぼ１００点です。

……今は、もうワタクシ、ＦＸやってないんだけどね（笑）。

そんな自分ですが、それでも学べてよかったことの一つとして。

先の章でも若干触れましたが。

いわゆるチャートの環境認識が、自身の取引条件の中で、一人だった時よりも深く読み込めていると、ちゃんと実感出来ていることです。

デイ、スウィング、などのトレードスタイル、時間帯（5分、1時間、4時間など）のスパンによるロウソク足の形、経済指標など、FXをちょっとかじれば誰でも知っている環境認識はもちろん、ワタクシが教えられた環境認識では、その講師独自の見方であり、またそれが、教えを受けた人間なら100人中100人が同じ環境認識に立てる、という点で、とてもすばらしかった、ということなのです。

※デイトレード：短期（数分〜1、2時間ほど）で数pips狙うトレード。高リターン高リスク。

スウィングトレード：長期（1日〜数日、場合によってはひと月間）で数十pips以上狙うトレード。

ロウソク足：分、時間などのスパン内における高安値がわかりやすい、チャート表記の形の一つ。

経済指標：各国単位で行われる貿易、消費、雇用などの経済全般の指標を公にすること。

その発表によって、株価・為替に、時に大きな影響を及ぼす。

結局、FXの、よりうまいエントリーや利確は、その環境認識を、より深めていく中でしか掴めない、ということです。

それでしか、ＦＸにおけるその時々の値動きの真意には近づけない。

モノクロの写真、それに、いかに第三者が思いを巡らせようとも、その真意は、それを撮った本人にしかわかりませんから。


大事なことなので繰り返します。

深い環境認識により、真意にとことん近づく（思いを巡らす）ことは出来ても、その真意は、値動きの当の原因（写真を撮った本人）でない限り、完璧に知ることは出来ない。

そして、同時に悟った、もう一つの真実は。

そんな環境認識の真意をとことん深掘りしていくなら、そのお勉強にはとてつもなく時間がかかる、ということです。

はい、ワタクシには、もう無理（笑）。


ということで。

大概は、ＦＸを始める時、どこの会社でもいいので口座を開設し。

実資金を突っ込んで行うトレードのハードルが、案外低いことから、ロクに勉強もしないで始める、なんて人も結構いることでしょう。

もし、あなたが、まだFXをやったことがない、でもFXに興味深々という方で、かつ、はなから独学ではなく、もし、FXを人から学びたいと思われているのであれば。

その発想自体は謙虚でとてもよい（ある意味、FXをキチンと学ぶにはだんだんよい環境が増えていると実感します）し、その気になって探せば、結構、見つかる時代になってきたと思います、ぜひ頑張ってください。

あ、お金はそれ相応に掛かりますよ。

だから本当はね。

僕が教わったFX塾には、個人としては、ただ感謝しかない。

感謝しかないんだけれど。

それでもまだ、その塾にあえて足りないものを挙げるとするならば。

受講する人間の「人種」を見極め、その上でワタクシのような人間には即刻FXをやめるように促してもらいたかった。

だからある意味、ＦＸの勝ち組には。
本当の「ＦＸの本質？」にはたどり着けないのかもしれません。
それでは、根気よく学んでいってくださいませ（ヒトゴトか）。

8章

ブログ「FXなんて、やめなさい」

ブログを書いた、きっかけ

いままで、僕なりにＦＸの本質めいたことを多角的（聞こえはいいが、ダラダラ書いていったらそんな感じになった）に述べてきましたが。

ここでは、先にも触れたのですが、ＦＸに関わってきた期間中に少しお休みをした時期（２０１５〜16年頃）に、ズバリ「ＦＸなんて、やめなさい」という題名で、ブログに思うままに書いたのでそれを掲載させていただきます。

目的は、というか、当時の自分の想いとしては、なんとなくフンワリとしたレベルではあっても、このままＦＸに関わることは個人的にはヤバいかもしれないな、と感じていたことにより、文章で書いてみることによって、これ以上、ＦＸに関わらないようにする意志がより強固になるかな、と試みたのですが。

結論から言えば、失敗でした（笑）。

この中でも書いてますが、あの時点では、トータルでほぼ損はなかったけれど、ＦＸ

に関わることで、普通の仕事でいうところの、例えばひと月ふた月で稼ぐ規模の金額が、簡単に1日で増えたり減ったりすることに、これは元々の自分の持つ「お金に対する気持ちに余裕がない」という気質から来る金銭感覚が崩壊すると感じていました。

それによって防衛本能が生まれた半面、うまくやれば、いままで手にしたこともない稼ぎが生まれることへのバカげた期待も……どうしても拭い去ることが出来ませんでした。

要は、ちゃんとFXを自分なりに語るには、まだ、その認識が全然足りていなかったんだと思います。

自分で言うのもなんですが、今となっては、至る箇所において、ツッコミどころ満載ですしね（笑）。

そんなブログなのですが、同時に、現在の自分に至る思考回路の原型も、チラホラちりばめられている点で、我ながら貴重な記録と自負もしております。

とにかく、あの時点で自分なりに一生懸命書いたのは事実ですので、ここに当時の内容をそのまま載せることにします。

いままでに述べた内容を踏まえつつ、読んでいただけると、とにかく面白いのでないかと。

少なくとも、自分にとっては、このブログを書き終わった後に、トランプショックで儲けて、そのあとズドンと沈みましたので。

とても感慨深いです（泣）。

ブログ「FXなんて、やめなさい」

はじめまして、hirofumiといいます。

何も知らないところからFXを始めて勝ち負けを繰り返し、それなりの勉強、努力も重ねて関わってしまった4年弱。

その4年目にして、一個人として、FXというものに対して出した結論。

それは、FXなんて、やるもんじゃない、ということ。

いまや全世界規模でFX人口が急激に膨れ上がっている中、誰もがそれなりにお手軽な投資機関として今後も増え続けるであろうFX人気、ではありますが。

確かに僕自身、小金稼ぎの一手段として人並み、いやそれ以下の才能しか持ち合わせていない、小者然とした人間であり、そしてここは、そんな人間の微々たる戯言を撒き散らした場所に過ぎぬかもしれないのですが。

いやそれでも、そんな自分にでも気づけた、FXの正体。

確かにうまく利用するなら稼げるものでしょうFX、それは否定しない。

また、資産管理の運用としても優れた手段であるかもしれないFX、それも否定しない。

でもそれ以前の、というか、特に日本人がこのFXに関わるということは、単に自身の財産を脅かす以上の、危険な未来を醸成していくことになるのかもしれない。

……という言い方、とっても大げさ？

単にFXをやめていく人間の精一杯の喚き節か？

それは、読んでいただくあなたに判断を委ねましょう。

とにかくここは、あなたの今後の未来が、FXなどというものに関わらなくても、いや関わらなかったからこそ、より有意義な人生を歩んでいけるものに出来ることを願って記されている場かもしれないのですから。

これから僕は、ＦＸというものについて、これまで小者なりに学び感じてきたことを、ただただ淡々と冷静に語っていくつもりですので。

よろしければどうか、最後までお付き合いいただければ幸いです。

それではこれから、壮大なるしくじり授業を開講します。

知ってしまったら、知らない前には戻れない

まず、ＦＸに限らずですが。

この世の中には知らなくて済むなら知らないほうがいい（経験しないほうがいい）というものが結構あります。

僕は個人的にはタバコ、あとギャンブル全般はやらない人間です。

世間話やニュースなんかでも、よく挙がりますよね、やめたほうがいいとか、中毒が怖いとか。

やらないに越したことはないなら、始めからやらなければいい。

タバコに関しては、自分も少しは吸っていた時期があります。

ただその時、なぜか周りの吸っていた連中が、吸い始めならもう吸わないほうがいいよと言ってくれたんです（笑）。

それで、タバコはそんなに執着を持たないうちにやめられたのですが、もし中毒症状が出るまで吸うことを続けていたら、おそらく意志の弱い自分からしてみれば、そんなタバコですらわかっていてもやめられずに、今でも吸っていたでしょうね。

次にパチンコ、競馬などのギャンブル。

これは言わずもがな、という感じですが。

お金をしっかり稼ぐという点、また社会的印象度としても、ギャンブルは結論から言えば、やらないほうがいいものの代名詞。

ここで多くを語らずとも、ギャンブルにおいては、百害あって一利なしといわれるような情報は沢山あると思います。

ところであらためてＦＸはギャンブルか否か。

それについては、例えば為替ディーラーやらＦＸ紹介本など、ＦＸはギャンブルではないと語っているものが実際多いようです。

まあ、ＦＸはギャンブルではないという意見が、ＦＸに関わる人の中では圧倒的でしょうか。

自分もそんな方々の認識と同様、ハッキリ言うとFXはギャンブルではない、と思っています。

ではなぜ僕が、そんな意見を認めるものの、それでもFXをやめたほうがいい、と宣言するのか？

その件については、のちのちFXとギャンブルとの違いを述べるに当たり、一緒に語っていきたいと思います。

確かに現代は、インターネットが情報に風穴を開けるようになって、知り得る情報が凄まじいまでに膨れ上がっているので、ますます個々における正確な情報の判断が問われることでしょう。

知らなくてもいい情報までもが、なんでこんなに氾濫していることか。

余計なお節介を承知で言うなら、あなたがもし家族持ちなら、そのことについての対策、セーフティネットとしての役割を今後どうしていくかを家族単位で話すのもよいですし、そもそも正確な判断を期するなら、インターネット環境などなかった時代にも増して、自身のアンテナを研ぎ澄ますためのよりよい教育を求めるべきだと思います。

ちょっと脱線してしまいましたが、でも、あなたがまだFXをやったことがないとおっしゃるなら、是非ここで踏みとどまって欲しいと思います。

今は知らなくても、今後、もっとFXに関する弊害がいろいろ明かされてくると思われるからです。

そういったことを学んでいくうち、「FXなんかに関わらないでホントよかった」という思いを一層強くしていただけるものと確信しますので。

とにかく、学ばずとも、ここで踏みとどまっていただけるなら、しっかりと踏みとどまっていただきたいと思います。

FXを始めてしまったら最後、「知らない前には戻れない」のです。

お金はモノの価値をはかる仕組み、なのに

世界には、現在どのくらいの数の国があるのでしょう。

その国の数だけある通貨。

ここに、ある一つのパンが、日本では100円だとしましょう。

ところがこのパン、日本以外の国、B国で買うと一個150円、C国で買うと一個50

円するとしたら、おかしいですよね。

今、僕は「おかしい」と言ったのですが。

このことを、ちっともおかしいともなんとも思わない、むしろ常識と見る人たちがいます。

どちらが正しいか、ということを、ここで主張したいのではなく。


またちょっと話がそれますが、現在、年間穀物の生産量は、全世界の総人口を賄えるだけのものがあるそうです。

もしそれが本当だとするならば、ちゃんとその量を全世界に供給できれば、いわゆる飢餓問題というものは消滅します。

でも、物理的にはとっくに解決できているはずの、この飢餓問題、今現在も今後も解決出来るような見通しがないように思われているのが世間一般の見方ではないでしょうか。


では、どうしたらこの飢餓問題は解決できるのでしょう？

それは……ズバリ、１個のパンが、どこの国においても１００円の「価値」で買えるようになりさえすれば問題解決です。

それはイコール為替の消滅、ということでもあります。

これが可能か不可能かは別として。


もうちょっとわかりやすく、これを近所の付き合いにでも置き換えてみましょう。

隣の友達がパンを欲しいというので100円で売ったとします。

そのまた隣の友達もパンを欲しいといってやってきましたが、その友達は個人的に気に食わないので（笑）3倍の300円で売りました。

隣の友達とそのまた隣の友達を不公平に扱う、近所のコミュニティがもしそんな感じであったとしたら。

そんな感じのことを、日本語では「未成熟」という言葉で表します。


そう、今現在の世界、各国の国単位レベルでの付き合いは、未だ「未成熟」ということです。

そうやってあらためて世界を見渡すと、今ヨーロッパの一部ではユーロ圏などというものが出来上がっていたり（最近はギリシャがまたいろいろと揉めている向きもありますが）。

どうやらゆっくりと、それがどんなに膨大な年月がかかろうとも、全世界は、「未成熟」ながら努力し、試行錯誤を繰り返して、その先にある「成熟」に向かっていると思うのですがどうでしょう？　いやそう信じたいものですが。


そう考えた時、為替というものはなんなのか。

そう、それは「未成熟」という言葉の象徴であり、そしてＦＸトレードで為替に関わるということは、これから「成熟」に向かっていく時代への逆行、とも言うべき行為かもしれません。

……まあ、そう考えてはいても、実際にＦＸに関わって、もし利益が出てしまえば、時代の逆行だろうがなんだろうが、そんなこと、どうでもよくなってしまう、のでしょうか。

利益はどこから、損失はどこへ

僕は株をやったことはないので、あまり株についてお話出来ることはないんですが、お金でお金を作るということに関して言えば、株もＦＸもあまり変わりはないでしょう。

投資トレーダーの視点では、たぶん株もＦＸも一緒。

では、ここでは企業側（株を買われる側）の視点で、自分みたいな素人目ではありますが、考えてみることにしましょう。


そういえば、自分の知り合いで煎餅（せんべい）好きな人がいて、その人、好きが高じて煎餅で有名な企業の株を持っている、なんて言っていましたっけ。

そういう人は、株を持っているといっても、もちろん大した額ではないでしょうが、株主優待などを利用したり、とにかく末永くその企業を応援するサポーターのような立場で、その存在は、企業側からしてみれば小さな存在価値だとしても、とても大事な株主となり得ている、と思います。

ではその同じ株を、単に投資対象として利用するだけの人を、企業側はどう見るか。

そりゃ、上がった株は、企業としては買ってもらいたいでしょうが、さらに上がってから売り抜けるという行為に対しては、眉をひそめてしまうでしょうね。

これが大量の株を買い、後に売りに転じた場合、額によっては極端なことを言えば、その企業は潰れます。

まして、大地震などの天災で被害を被った企業の銘柄を大量に空売りしたりする行為は、人の道としてどうか、と。

まあ、株は、明らかに、どちらかが儲ければどちらかが損をする、ゼロサムゲームといわれる所以です。


それでは、FXはどうか。

以前、自分は、とある専門家に、FXはゼロサムか、ということをお聞きしたことがあったんですが……。

その方は正直、わからないとおっしゃっていました。

それを鵜呑みにするわけではないのですが。

確かに、株でいう銘柄を通貨として見た場合、あまりにもその通貨に関わる人の数が膨大過ぎて、一概に「ゼロサム」などという言葉では片づけられない、ということなのでしょう。

その辺を、もう少し突っ込んで考えた時……ちょっと恐ろしいことに気づけた気がします。

なにかというと、確かに上辺では、ＦＸで儲けを出した人はいるかもしれない。

でも、もっと大きな視点で見た場合、そもそもＦＸに関わることで得をする人は誰もいないのではないか、ということです。


このことを考えるに当たり、一つ格好のキーワードがあります。

それは、金融操作（特に金融緩和）。

この金融操作、自分なりの解釈で言いますと、それは、国家規模でのインサイダー取引、のようなものだと思っています。

それによって、損をした人は、その金額（おそらく、多少レバレッジも効かせているでしょうから、その効かせた額）。

そして得をした（と思われる）人であっても、その額は、その国の金融操作の手の内の中ではないのか。

金融操作が行われれば、一見、通貨価値の調整、みたいに思われがちですが、それで日本国が円安（もしくは円高）にどんどん振れていくことになるわけで、どちらに転がっても、ますますモノの価値のブレが広がってしまうことでしょう。

金融操作は、現在、為替変動制を主とするアメリカを中心に、主要各国も行っています。

そこに、さらに自分たちがＦＸに関わることによって、ますますその金融操作に拍車がかかる、としたら。

チリ紙買うのに、かつてのジンバブエ・ドル並みの万札が必要になったり、もしくは、子供の小遣いでフェラーリ（！）が買えたり。

あなたは、どちらのディストピアが、お好みですか？

アメリカの憂鬱

そもそも、ＦＸをやる日本人は、アメリカというところをどんな風に思っているのでしょうか。

僕がＦＸをやるきっかけになったのは、ちょっとヘンな動機ですが、当時興味があった世界経済やら金融関係やらの本を読んだことによります。

そこで日本が、アメリカ国債など、あの手この手でアメリカに根こそぎ「円」を持っていかれている現状を知り、一国民として、ささやかにでもアメリカからお金を取り戻すような思いで始めました。

そうです。発想が激しく安直です（笑）。


自分がＦＸを始めた時期は、すでにリーマンショックは過ぎ、レバレッジも国内では25倍制限に据えられたことで、それほど世界情勢に左右されることはなかったんですが、それでも自分の力量次第で、それも短期間で極端な結果が顕著になるＦＸ。

多くのにわかトレーダーと同じように、僕自身、地獄の４年間を味わうことになります。


話をアメリカに戻します。

自分もなんだかんだ言って、お金のためにＦＸを始めました。

ＦＸをやっている人のほとんどがお金のためなのは当たり前です。

それはいいんですが。

いわゆるファンダメンタルズ、という点においても、本当のアメリカの思惑、みたいなことを考える人は、ＦＸをやっている人の中にどれだけいるでしょうか？

※ファンダメンタルズ：ＧＤＰ、雇用・失業率など、一国の経済状態を示す基礎的指標。

例えば。

ＦＸの相対取引という性質上、組み込まれている仕組み、スプレッド、というやつ。

※スプレッド：通貨取引を行う際に生じる差額、コスト。

これ、なんで通貨ペアによって幅が違うんでしょうか。

もっと言えば、おそらくどのＦＸ取引会社も、対米通貨が一番狭いスプレッドになっています。

結論を言ってしまえば、それは、米ドルを取引して欲しいための誘導作戦ですね。

世界百数十か国もある中で、それぞれの国からＦＸ参戦してくるとして、その取引対象はズバリ、アメリカなのです。

これは何を意味しているのでしょう？

かつては、いわゆるアベノミクスというやつで、世間では、FXで儲かった、と言っている人がチラホラ見受けられたような気がします（儲かっているかどうか、ホントのことを言っているかどうかは別として）。

仮に儲かったとして、インフレ時は、たとえ日本人が対米通貨のやり取りで儲けても、アメリカの損にはなり得ません。

その尻拭いは、日本の円安であり、日本の増税であり、日本によるアメリカ国債の購入、です。

そう考えた時、たとえFXで儲けたとしても、儲けた人間が日本に住んでいる以上、「日本人」として、本当に儲かったのかどうか、甚だ疑問に思わざるを得ません。

こういったことが、世界各国でそのご当地トレーダーが対米通貨でやり取りをする……なんとなく空恐ろしくなってきます。

と言いつつ、どこが損だろうが、儲かったらこっちのもの、と思ってしまうのが典型的なFXトレーダーの心情なのでしょうか？

個人的に感じることで、ＦＸ関連のサイト、書籍、セミナーの類いで共通していることがあります。

為替という存在そのものの善悪については全く語らない、ということです。

まあ、ある意味当然です。もし為替変動自体が「悪いこと」だとしたら、ＦＸ業界の瓦解です。

ＦＸに関わる人、動かす人は、一見、ファンダメンタルズにしろ金融情勢にしろ、要するに今後の経済を見通す高尚な人？が関わるのではと思いきや、全くその正反対で、もしかすると、ギャンブルをやる人以上に目先の金に執着している人たちが大半、なのではないか。

そしてそういう人たちが、つまるところ、米ドルの買い支えの一端を担がされているのではないか、と。

僕はこれでも、まだまだわかっていないことだらけかもしれません。

ただ、今はネット環境もあるし、特に日本は、書籍にしても、それなりに優良な情報を仕入れるにはとてもよい環境にあると思います。

そんな今の日本で、現在のアメリカを考えるに、一言でいうと、いろいろな意味で「とても病んでいる国」であるとの結論を導き出すことは、いたずらに思考停止をしない限りにおいてはそんなに難しくないと思います。

まず、なんといってもアメリカの経済状況。

というよりも、アメリカという国は、経済という点では、かのTPP交渉で鑑みるに、今、「売り」に出せるものが何もない、ただ軍事力に任せて威張っているだけの国に成り下がっている、といったイメージでしょうかね。

そして、あのリーマンショック後は、ハイパーインフレの脅威に晒されている状態から今も抜け出せずにいます。

それをなんとか踏みとどまらせているのは、基軸通貨国としてのヘンなプライドが成せる各種政策と、日本が行っているアメリカ国債の購入です。

そのおかげで日本にもハイパーインフレの波が押し寄せる、というような主張もあるぐらい。

さらに、いずれAIIB（アジアインフラ投資銀行）＝中国人民元を基軸通貨とする構想が、もし現実となった時、そのAIIBに不参加表明をした日本、そしてアメリカの影響はいかばかりのものになるのか。

さて、そういったことまでわかって、かつ、ＦＸ取引をやっている日本人は、どれだけいるのでしょうか?

ちなみに、アメリカ（ひいては全世界）がどんどんおかしくなっていく状況には、元々とても大きな「元凶」があります。

?.?.?.なにがおかしいの?

というような人、いるかもしれません。

それを語る前に。

アメリカの通貨であるドルは、実はアメリカ政府で作られていない、ということ。

まあ、こんなことも、全く知らないでＦＸをやっている人は、案外多いんじゃないでしょうか。

銀行の常識

最近、いわゆる消費者金融からの過払い金を取り戻す、といった感じのＣＭがよく流れていますね。

世間はそれだけ、消費者金融から気軽にお金を借り、また律儀に返済しているのかなあ、と。

十数年前からだったと思いますが、国で決めた利息制限法を利用して、いままでグレーゾーンであった金融業者の金利を見直して交渉するという行為。

ちなみに過払い金交渉は、わざわざ弁護士に依頼しなくても自分でちょっと調べれば、役所に行って手続きするような感覚でカンタンに取り立て出来るものです。

ある意味、イッパシに大の弁護士がしゃしゃり出てくることはないという（笑）。

まあ、日本の弁護士業界は、一部の敏腕な方々を除いて、大多数が基本的に暇なのでしょうね。

金融業者からしてみれば、最初に決めた契約（金利）でお金を貸しているのだから、ある程度経ってから利息制限法なんて持ち出されても困ってしまうのが道理だと思うんですけどね。

あいにくそんな業者を助ける、心ある弁護士などいない（泣）。

本当は、そんな暇な弁護士の方々に、是非やってもらいたい仕事があります。

それは、銀行に対して、銀行に預けたままのお金を国民に戻してもらう、という仕事。

えっ？　銀行に預けたお金はいつでも引き出せるのが常識でしょ、と思っている人。

本当言うと、それは常識ではありません。

まず、銀行って、どういうところか？

仮に、皆で預けたお金を、今度は皆で一斉に引き出そうとします。

これが引き出せないんです。

銀行とはそういうところです。

もちろん、お金を預ける（運用する）システムによっては、預けた時期から5年だの10年だの、引き出せない期間というものがあって、それは致し方ないのですが。

というか、また極端な例かもしれませんが、大恐慌など、銀行の業績が悪化し、そこの預金者が殺到したとして、その際銀行が「取引停止」という意思表示をすること、これは国で合法とされています。

さらには銀行の合併、再生の際には決まって税金の投入がされます。

実際、過去において世界中の銀行で、何度となくそういうことは行われています。

日本で一番有名なのは、言わずと知れた、バブル崩壊。

さすがに今のところ、庶民レベルで影響を受けた人はそれほどいなくても、ある程度資産のある人や土地を持つ企業などが軒並み銀行の被害（勧められて購入した株や土地が急下落、よってそれまでの資産価値が多大な負債に転じ、倒産）に遭っています。

さらに銀行を立て直す際の税金投入を考えれば、間接的被害はほぼ全国民です。

こういった仕組み、システムは、先進主要国はだいたい似たり寄ったりです。

そしてこういった銀行の仕組みを構築した大元が、そもそもの「元凶」でもあるわけです。

もはや陰謀論の域？

すでに何度か、金融操作（金融緩和）といった言葉を使いました。

僕は、金融操作自体は、そう悪くはないと思います。

未だ未成熟な社会ゆえ、仕方がないというか。

難しい仕組みは省きますが、要はその国の経済状況に合わせて自国通貨の供給量を調節することが必要なのは、誰の目にも明らかなことです。

ところが日本は、特に戦後、経済大国と謳われるようになってから、金融操作自体が自国にとって正しく行われない国となってしまいました。

どうして正しく行われなくなったのか。

戦後、同盟国となったアメリカの経済（借金）を支えるためです。

すなわち莫大な米国債を日本が購入すること。

これこそが現在のアメリカに対する唯一の日本の役割、になってしまいました（米財務省のデータにて、日本の米国債保有高は現時点でも世界トップ）。

これは、戦後、日本がアメリカの属国になってしまった以上に、アメリカ自体が政府としての通貨発行権を持ち得ないが故に、どうすることも出来ないのです。

かくして、米国債購入の資金を捻出するため、日本の金融政策はいびつなものに成り果てました。

そしてこれはもう、無限ループになりつつあります。

その「元凶」たる、アメリカにあるＦＲＢという組織（連邦準備制度理事会）。

アメリカ国内でも、これらの勢力をなくそうと奔放する人々がいたようですが、ことごとく暗殺されたり、場合によっては戦争を仕掛けられたり（あくまで「陰謀論」の域での話ですが）。

日本でも、橋本龍太郎総理大臣（当時）が、米国債を売りたいと言及しただけで株価が暴落したり。

冒頭に、ある人に100円でパンを売り、またある人には同じパンを300円で売ること、すなわち為替の溝を埋めない行為を「未成熟」と言いましたが、まさにFRBに関わっている連中の考えていることは「未成熟」そのものなんですね。

とまあ、こういったワケで、FRBは、ある意味とても有名なのですが、その成り立ちについては、もはやどんどん脇道にソレていってしまいますのでここでは省かせていただきます。

もし知らない方は、興味があったら是非調べてみてください。とても面白いですよ。

まあこれ以上は、自分も命が惜しいし……命あってのモノダネです（苦笑）。

これらのことから、あらためてFXを見てみると。

その「元凶」たる連中に支配された、未だ、未成熟な社会の産物の代表格、と思われますがいかがでしょうか。

ＦＸの本質

いままで長いこと、つらつらと記してきたのですが、実際、ＦＸトレードをやっている人からしてみれば、ＦＸに関する話としては、ちょっと距離感のある話でありましたかね。

最近、ある学生カリスマＦＸトレーダーが書いた本に、ＦＸは、自動車の運転みたいなものだ、と。

笑えます。

車の運転に例えるなら、走行している最中に、陥没している箇所にハマってしまう感じ、とか。

もしくは、走行している最中に、狙撃手からライフルで狙われる感じ。なんとかすり抜けても、また新たな狙撃手が……。

きっと、この学生さんもそんなことを思いつつ、表面的に「自動車の運転みたいなもの」と書いているんです、本を売るために。

これからは、もうちょっと実践的というか、身近な視点からＦＸを語ってみたいと思います。

さて、十数年前のサブプライムローンの崩壊、という経験は、近年における世界金融市場における一大事件でもありました。

このサブプライムローンとＦＸ、実は仕組みが少し似ているところがあるので、素人目なりに説明することにより、もっと「ＦＸの本質」をエグってみたいと思います。

まず、サブプライムローンって、なんぞや？

簡単に述べると、低所得者に対する住宅ローンの貸付、です。

住宅ローン自体は、別に特別なことではないのですが、低所得者、ここが「穴」なんですね。

普通、ローンの貸付は、ちゃんと返済能力がある人（プライム）に貸しますよね、審査などをして。

低所得者（サブプライム）の定義は、ハッキリ言って、その返済能力がない人のことをいいます。

審査など、していないようなものです。

ではなんでそんな人たちに貸せるのか？

ここは、レバレッジですよ。

これを使えば銀行はハッキリ言って痛くも痒くもない。

そのカラクリを説明すると、通常、ローンを組む時、頭金を払いますね（銀行ではそれを準備金ともいう）。

それさえあれば、信用創造という名の貸付金が現出するんです。

１万円をＦＸで運用する場合、25倍のレバレッジボタンをポチっと押すとあら不思議、25万円で運用するのと同じ状況になるという、アレです。

だから本来、あまり大きな声では言えないけれど、銀行の貸付審査なんて、無意味なんですね。

一応、世間の常識の手前、タテマエで、返済能力のある人ない人、とやっているだけに過ぎません。

おそらく、ある意味？画期的だったでしょうし、とにかく、低所得者にローンを貸しつける、唯一のメリットは、プライムな方々よりも全世界規模で圧倒的に多いサブプライムな人たちの数、なのです。

ということで、アメリカを始め、全世界に波及していったサブプライムローン。

各国の証券会社、さらにこのローンを元に作られた金融商品を購入した投資者なども巻き込んで、もうあとは焦げつきが膨大に膨らもうが不良債権が続発しようが、その反面、「元凶」たる大元とその仲間たちは儲けまくった?のです。

ただ、儲けても建前上は赤字。

その赤字を公に計上したために世間は一大パニックを引き起こした、という寸劇です。

サブプライムローンの崩壊については、まあこの辺にして。

(※参考資料、苫米地英人:『君は1万円札を破れるか?~お金の洗脳を解くと収入が倍増する』マキノ出版、2011年)

自分たち、FXをする人間にとっても、この信用創造(レバレッジ)という仕組みには気をつけるべきです。

銀行は、100万円あるから1000万円貸すと思ったら大間違い。

10万円(下手したら1万円)で100万円が作れてしまうという不思議。

自分たちのような「サブプライム」人は、レバレッジを最大限使って、だいたいは大損喰らいます。

問題なのは、喰らった損失の規模。

別にレバレッジを掛けたからといって、ＦＸ会社は実際のお金を貸してくれているわけではありません。

でも損失になった場合、元手はこれっぽっちしかないのに、その何十倍もの金額で運用したような損失を被ってしまうという。

多くのサブプライムローン被害者のように、支払い不能になって家まで持っていかれてしまうような惨状。

いまさら言うことではないでしょうが、投資額に最大のレバレッジを掛けて運用することは、ハッキリ言ってギャンブルです。

ギャンブルはハッキリ言って、凡人が手を出すと負けるもの、です。

まさに「サブプライム」な人々にとって、ＦＸをやることは、地獄、なのであります。

ＦＸをやってはいけない人間

日本は、世界の、それも先進国といわれる中では、かなりの自殺大国です。

１９９０年代以降、すなわちバブル崩壊以降、戦後最悪の自殺者数（3万人以上）を記録してしまい、それは米国の2倍、イギリスの3倍といわれています。

自殺原因といわれているものは、特に男性においては、事業不振、倒産、失業といった経済苦であることが圧倒的とされています。

精神医学的な見地でも、不況と労働条件の悪化が、自殺者数増加の相関関係を立証しているとのことです。

現在（２０１５年）も、男女含めた労働年収は、一人当たり３００万円台が圧倒的で、これで家族を持って養っていくのは、容易ではないと多くの人が実感するでありましょう。

そもそも、なんで日本という国は、先進国にもかかわらず、そんなに貧しい人が多いのか、といった理由はともかく。

〝新幹線焼身自殺テロ　年金を35年間払っても生活保護以下〟

男（71・無職）は走行中の東海道新幹線の先頭車両でガソリンをかぶり、焼身自殺を遂げた。

犯行前には周囲に、繰り返し年金の受給額の少なさと保険料や税金の高さへの怒りをぶつけていた。

（※2015・7・8週刊朝日抜粋）

とにかく、お年寄りはもちろんのこと、現実の日本で暮らす自分たちの多くは、いつも経済苦を強いられた生活を余儀なくされていると言えます。

そんな自分たちが、今の生活、今後の老後のことを鑑みて、中にはFXや株を始めることは、少し安易とはいえ、仕方ないことかもしれません。

ギャンブルならいざ知らず、投資なら、よく勉強でもして実践すれば、うまくいけば仕事の収入以上に稼げるかもしれない、と思ってしまうからです。

こういう気持ちの持ち方は、実は金銭に余裕のない人の考え方の典型、です。

一応、僕は、FXはギャンブルではない、と思っています。

でも、先の項目でも述べましたが、FXをやる人の心理いかんによっては、FXをギャンブル化してしまうといえるでしょう。

金銭に余裕がない場合、手持ちの資金だって少ないのです。

そんな資金で、生活できるほどの利益を出そうとするなら、必ず大きく賭ける手（レバレッジをかける）に出てしまうことでしょう。


プロスペクト理論、なるものがあります。

同じ額でも、「利益」と「損失」では「損失」の方がより強く印象に残る、という意味合いなのですが。


よくＦＸを勉強する中で出喰わす用語です。

だから、その「損失」を回避することに、ＦＸをやる人たちは悪戦苦闘します。

でもよく考えたら、そんなことに囚われるということは、実は、自分たちの手持ち資金が少ないからこそ陥る感覚ではないのか。

そんな自分たちの「現実」を慮ることなく、プロスペクト理論などと、さもＦＸをやる人間にとっては必須用語みたく喧伝するＦＸ（をやらせる）業界。

だから今の自分からしてみれば、プロスペクト理論なんて、クソ喰らえです。

そもそもプロスペクト理論なるものに振り回されてしまう時点で、もうＦＸをする資格はないと思っています。

世の中にはいろいろな人がいます。

個人投資家の中には、自分たちの想像もつかないぐらいの資金でＦＸ運用をしている人がいます。

そういう人が、例えば１００万円いっぺんに損失を出したとしましょう。

人によっては自宅の壁に拳で穴を開けるほどの力で殴りつけてしまうかもしれません。

いや、それで自殺してしまう人だっているかもしれません。

ところが、大金持ちの「その人」は、大して惜しい気持ちもさらさらない、といった感じで平気なのです。

ＦＸは、実は、そういう、自分の生活に十分余裕があるというメンタルを持った人間がやるものなのです。

誤解しないでもらいたいのですが、僕はなにも、ＦＸでちゃんと利益を出している人にまで、ＦＸをやめなさい、と言うつもりはありません。

もっと言えば、ギャンブルと思われているパチプロだって、ちゃんと一定の収入を稼ぎ出しているのであれば素晴らしい、いや、うらやましい。

損切り、という概念のあるＦＸは、それをしっかり頭に入れて運用すれば、技術次第で確かに稼げるものと思います。

そして、個人的には、最近は、株よりもＦＸで利益を上げている投資家の方が圧倒的ではないか、と思っています（別になにかの統計に拠ったわけではないので、あくまでも自身の実感なのですが、それでもＦＸ人口は株よりも今後、どんどん増え続けるのではないでしょうか）。


ではなぜに僕は、あなたにＦＸはやめるべき、と言うのか。

それは自分たちの生活に余裕がないからです。

そして、そんな生活レベルのメンタルが、ＦＸをやる資格からはほど遠いのです。

先ほど、ＦＸには損切りがあると言いました。

では、損切りになる状態って、どんな時でしょう。

手持ち資金が目減りしている状態のことです、当たり前のことですが。

日々の生活で、１円２円を大事に考える、いわゆる主婦感覚であれば、目減り状態は耐え難いものです。

だから、もしそんな主婦がＦＸを実践したとしたら、数日でたちまち金銭感覚が麻痺、崩壊します。

もちろん、いろいろな考えの人がいます。

主婦の中には、ＦＸでちゃんと成功している人もいるようです。

もしかしたら、僕の考えに反論を唱える方のほうが正鵠を射ているかもしれません。

しかし、繰り返しますが、世の中の大半の人は、１円２円の損失でさえ、耐え難い人がほとんどなのです。

元々散財？目的で行うならばよいでしょうが、ＦＸを始める人の大半は、お金を増やしたいのであって、散財したいのではありません。

プロスペクト理論で言うならば、１円２円の損失は、１万円の価値、と言っても過言ではないのです。

これが自分たち、一般日本人の悲しいメンタルです。

このメンタルの克服は、ハッキリ言って努力で賄えるものではありません。

よくＦＸの本で、メンタルを強くするなどと謳っていますが。

ＦＸ以前に、日本の年間自殺者数がバブル期以降、ほとんど減っていないことから見ても、そんな精神論で解決などされないことは明らかであります。

何も生み出さないFX

最後に、僕が一番伝えたいことを記します。

たとえ、FXで利益を出していても。

ある程度、十分稼いだら、きっぱり足を洗うべきです。

僕はFXを4年やってきて、トータルで利益は……ゼロです。

そんな自分が言うのもおこがましいのですが。


僕がFXを始めた当初、YouTubeでFX商材を売っている青年がいました。

その青年は自称、数年で成功を収めて全国を飛び回っている、と豪語し、傍から見てもとても羽振りがよい印象ではありました。

一度お勉強を兼ね、その人のメルマガを登録したんですが。

その人、百歩譲って、確かに成功はした？のかもしれないけれど、言葉遣いといい、話す内容といい、なんというか、全く教養が感じられなかった（笑）。

あれでは、こちらとしてもFXのことを彼から学ぶ気にはならない、と感じてしまいましたね（そのうち、その青年は、ネットから全く見かけなくなりました）。

最近も株の方ですけれど、やたら何億稼いで、一等地のマンションを購入して、他に音楽活動で誰某をプロデュースしているとか。

その音楽活動に関しては、おそらく世間一般の人は誰も知らないし、今後も知られない（笑）。

ホントは逆で、音楽活動でそれなりに名を馳せた人が、実は株でも何億稼ぐ、となれば、とても粋でカッコイイんですが。

偏見を恐れずに言えば、投資でとりあえず成功しましたと宣言して世に知られるようになる、こういった人たちは、だいたい品がないと私は感じています。

それはやっぱり、投資を行うということ自体に関係があると思います。

かつてはジェイコム男という、一瞬にして数千万ドル稼いだトレーダーがいました。彼は、そんな大金を稼いだにもかかわらず、「その金で何をしたらいいかわからない」が口癖だったそうです。

だからそんな人がいきなり金を持つと、プライベートジェットでも買って（日本だったらポルシェとか）見せびらかしたり。

いやまあ、うらやましいんですが（笑）。

人生の、世の中の、本当の意味での価値となるものは、ＦＸではなにも生めない。極端なことをいえば、一生、投資だけで稼いで生きるということは、世の中が未成熟であることをよしとする「元凶」たる連中と同列、と言えましょう。

僕の場合、ＦＸをやっていた4年間は、お金を稼げないという苦しさよりも、元々余裕のない生活に輪をかけて、寝ても覚めてもＦＸのことばかり考えるようになってしまい、やがては自身の社会におけるアイデンティティまで失われるような思いに苛まれました。

いままでやっていた趣味すら楽しめなくなったし、周りの知人ともだんだん距離を取るようになってしまった。

これは要するに、ＦＸ中毒に陥った、ということだったんですが。

まさに、向いていなかった、と言えます（笑）。

お金は手段、という意見があります。

そのお金で何をするか、ということが、人生にとっては重要という意見、一見正論です。

でも、逆にお金自体のほうが目的になったとしたら、今の日本で生活をする自分たちにとって、それを覆せるほどの説得力は、実はそうそうあるものではない、かもしれません。

きれいごとではないというか、自分の場合、それが、ＦＸから抜け出せなくなってしまった要因でした。

でも。それでも。

人間はいつかは死にます。

自殺にしてもなんにしても、僕たちはいずれ死にます。

別にスピリチュアルなことを語るつもりはありませんが、人間社会で自分が死んだら終わり、と考えた時、後に残された人たちの世界がより「成熟」に向かうための爪痕（つめあと）を残せたら、自分が死ぬ時にそんな思いに少しでもなれたとしたら、案外幸せなんじゃないか、と、だんだん考えるようになりました（ＦＸで稼げずにやめてしまった人間の負け惜しみ、と思われても仕方ありませんが）。

某アニメのセリフじゃないけれど、未だ、世界は残酷、です。

これからだって、日本の未来は、政治にしろ、経済にしろ、近隣国との関係にしろ、深刻な問題は山積みです。

現実を直視すれば、むしろ絶望の淵と隣り合わせで生きている自分たちが、ちゃんとした夢を持つことなど、これからだってとても難しいかもしれません。

ただ、そういった現実を愚痴って呪ってみたところで、同じ場所に立っているという点で、考えようによっては、自分たちは、未成熟たる「元凶」たちの末裔、といった面も少なからずあるのかも。

だとしたら、もしそういう自覚に立つのなら、そんな先人たちを、他人事のように、非難・中傷したところで、なにも変わらない。

そういった呪縛から自分を解き放つためには、自分自身で主体的にそれらを打開していけるような「爪痕」を残すしかない。

爪痕のなんたるかは、人それぞれとしても。

別にヘンな夢など持たず、普通に仕事をして、普通に家族を大事にすることだって、りっぱな爪痕。

だったら。

どうせ死ぬなら、少しでもそんな思いになりたいと思い、まずはこんな稚拙なサイトを作った次第です。

何も生み出さないFX、そんなものに、今後もしがみつくのか。いたずらに未成熟な社会に埋もれ、みじめな末路になるところを、必死で這い上がるのか。

ということで、このサイトによって、これをご覧になったあなたにとっても、FX投資への気持ちがしっかり踏みとどまり、そして少しでも価値ある方向に軌道修正していただけることになったとしたら。

こんな僕としても、とても嬉しく思えるのではないかと。

ご精読、ありがとうございました。

というわけで。

あらためて読み返してみると、ただただ青臭い（笑）。

このブログで語った当時の、「ＦＸの本質」。

今となっては、まだまだ局所的にしか見れていないんだな、と感じますが。

まあ、大部分は、１０００万円溶かし切った現在のワタクシから見ても、ＦＸに対して強固に感じている原型がちりばめられている、とは思うので。

でも当時、これを読まれた方が、今現在のワタクシが置かれている状況を知れば、激しくガッカリでしょーね (-_-;)

ちなみにある方に、「あなたのブログを読んでもＦＸをやめる気にはなれない」と言われましたが。

その時に返した言葉は。

「ＦＸをやるなら、ちゃんと勝ってください」でしたね。

9章

これからの、ＦＸのあるべき道

これを書き始めてからまもなく。

ロシアによるウクライナ侵攻が勃発し、そのことであらゆる国が大きな懸念を示しています。

この日本でも、多かれ少なかれ、世界にこの国の立場を表明せざるを得なくなり。

そのことが良い悪いではなく、それにより経済的な面からの影響も少なからず起こり、それは今後、下手をすれば深刻になっていくかもしれません。

その一つで、直接の影響かどうかは不明だけれども、円安がかなりの勢いで進行していますね。

ここでは、数年、ＦＸの怖さを体験したワタクシによる視点で、為替に関する今後の残酷な未来予想図を。

その上で今後、人類はＦＸとどうやって関わっていくべきか、を述べてみたいと思います。

日本円の価値の残酷な真実

僕が初めてＦＸを始めた時期は、２０１３年頃。

この年は、確か民主党から自公政権に変わったばかりで、そのためかどうかは知らないけれど、日本の変動為替史上、もっとも円高だった時期。

一時、１米ドル＝70円台だったと思いますね。

自分の肌感覚としては、牛丼が２００円で食えた、とか（そんなんしか、ないんかい）。

それが、だんだん1ドル＝90～１００円に、２０１５年以降は1ドル＝１１０円台。

ここ数年、じわじわと円安に方向転換してきているようだけれど、まあ、今のところ。

比較的、円「高」状態で落ち着いている、そんな感じ。

でも、そもそもの日本の経済を、いわゆるバブルの頃から経験している（あくまでも肌感覚の）ワタクシとしましては。


個人としてＦＸを始める以前。

というか、学生の頃は、それなりに大金を稼げるバイトは、いわゆる肉体労働だったけれど、その後、それなりに同じバイトをしても、以前よりは稼げなくなった感じで。確かに、同時にデフレということもあり、だんだんモノも安くなっていった印象があります。

当時から、服でも食べ物でも、やけに中国製が安いなあという印象。

あと、レコードやＣＤを買うなら、海外のアーチストなら輸入盤のほうが国内版より安いんです。

まあ、そんな、個人としては喜ばしい出来事があったとしても。

日本経済として見れば、例えば、カメラで有名な某企業の本社が〝都落ち〟。はたまた自動車で第一線を担う某企業は、全国の工場が軒並み閉鎖（海外移転）、そしてそのサラ地には、外資系の巨大ショッピングモールが相次いで軒を連ねるという「風景」が、ウチの近所も含め、日本のあらゆる場所で、のほほん？と見受けられたという。

でもそれらの事象、日本としては、アメリカから、実はその顔面を左からひっぱたかれたような状況だったんですね。

あと、これも当時気づけずにいた、とても重要なことが一つ。

あの中国を筆頭に、根こそぎ経済力を付けまくっている国々が、ここ数年でとても増えてきた、ということ。

お隣の韓国だって、ＩＴの分野では、ヘタすると、もう日本は追い抜かれている感じ。

為替の見えない「穴」は、まさにそこにあって、自分たちの見る、いわゆる為替というやつは、どういうわけかアメリカのみを対象としているので、ここ数年は1ドル＝100～110円で落ち着いている、と思っている日本人が大半で。

でも、その間、アメリカドルの価値を脅かす国々がいつのまにか大挙してきたことにより、第2次世界大戦以降、とても盤石であったアメリカ経済もここ数年、目減りしてきていると。

ということで。

為替の比較対象のほとんどをアメリカとしか見ない、この日本も。

当然、比例して目減りしているという。

たまに最近のニュースで、円安が大きく進んだ時、「○○年以来の円安更新」などと言う時があるけれど。

当時の円と、数字の上では同じ、でも、きっと価値はそれ以上に安いことでしょう。

そこへ来て、今これを記している、まさにロシアのウクライナ侵攻が未だに収まりを見せない中、そのどさくさ?に紛れて円安が数日、異常に進行しています。

現在（2022年10月）の時点で、1ドル＝140円台突破。

先ほど申し上げたように、この140円は、すでに過去の140円の価値よりももっと低いものになっているのです。


現在のアメリカ経済の筆頭は、いわゆるＧＡＦＡ。

これらは、元はアメリカの軍事産業が大元になっているので、まあ、そんなに急な凋落をするようなものではないでしょうが。

でも、とりあえず。

現在の日本の置かれている状況は。

今後、円安がさらに進んでいっても、かつての車や電化製品のように「売り」に出来るものが何もなくなってしまった以上。

今度は、アメリカから、その顔面を、右からひっぱたかれている、そんな感じがするんです。

FX負け組が切に望む、今後のFXのあるべき道

今回のロシアによるウクライナ進攻は、経済の混乱と合わせ、世界中の国々における貨幣価値においても、多大の影響を及ぼしてくることでしょう。

とワタクシが述べるまでもなく、連日ニュースでロシアの貨幣＝ルーブルの価値がどんどん目減りしているとの報道がされていますね。

前章の「FXなんて、やめなさい」を書いた頃の持論で、逆にワタクシとしては、為替の存在は、要は、世界が未だ平和でないことの象徴、と、淡く思っていましたが。

今、現にウクライナでの惨状を目の当たりにし、そしてその蛮行を、ロシア自身が開き直っている現実を見た時。

この現代、遥か中世に比べたら格段に文明が発達したと思われるこの時代においてさえ、まだ全然平和ではないのだな、と愕然とする気持ちになっています。

人間は、まだ本当の「人間」ではない、その前段階のサルなんだと（本当はサルに失礼、かもだけれど）。

この末だロクでもない世の中を、まあ、なんとかのらりくらりとゲーム感覚でコンプリートし、戦争に勝ち、または金持ちになり。

そして「勝ち組」になったとて、そんな世の中を人間的なものとして少しでもテコ入れする気持ちがサラサラない以上、いつまで経っても所詮はサルでしかないという。


その「サル」たる連中に支配された、未だ未成熟な社会の産物の代表格たるＦＸ。


巷でよく言われる、ＦＸ（投資）は自己責任というやつ。

自分も長年、そう思い込んできましたが。

でも、あらためて、まだ中世並みのこの世界で、そんなものに関わる自分たちも。

実は自己責任を謳えるレベルには到底おぼつかない、まだまだとてつもなく幼稚な存在なのです。

そしてＦＸ会社は、そんな実年齢と精神年齢が乖離した自分たちの現実を熟知した上で「自己責任」を振りかざす。

まさに合法詐欺、イカゲーム（笑）。

されどFX、とにかくFX

そもそも、そんなゲームに参加しなければいけない、世の中をなんとかしなければいけない、という話はおいておいて。

まだそんなＦＸを、この世の中に、ポジティブに浸透させたいのであれば。

先にも言いましたが、顧客には損はさせない、必ず利益を出させることが必要です。

それが民間ＦＸ会社のレベルで実行できないのであれば、国で管理し、ＦＸのエキスパート（！）を動員して、国民の資産運用にも寄与する仕組み、要は為替インフラ?もしくは金融インフラ?（うまい言葉がなんとなく見つからないのですが）なるものを構築すべきなんです。

そして、たぶん理論上?は、可能だと思います。


ただ、残念なことに現実は。

例として、日本の水道インフラを取り上げてみましょう。

今のところ世界的に見ても高水準の日本の水道インフラですが、だんだんと老朽化していくことに伴う国の対応が、安全水準の規制緩和であったり、民間参入、ヘタすると外資参入の恐れがあったりという状況です。

せっかくの日本の水は安全、というイメージが今後、破壊されていくのではという懸念が拭えない現実がここにあります。

それを考えるとやはりどう転んでも、この国で、為替インフラ?なるものを望むことは、夢のまた夢。

そもそも、そんな発想すら湧かないと思われます。

ということで。

世界の強者（でもサル）と思われる連中が、世界秩序を乱すことにおいては、実は、まだなんでもアリ、という世の中（ウクライナ市民の受ける惨劇をメディア越しに目の当たりにすると、本当にそう思う）。

そんな人間が、正真正銘の「人間」になるためには、まだ膨大な時間を要するようです。

そして、正真正銘の「人間」による世界をつくるという未来を、未だ絵空事としてしかとらえられないワタクシたちは、今、この世界に供給されているFXと、まだまだ戯れるしかありません。

そうである以上、再度繰り返しお伝えします。

少なくとも、個人的に1000万円を溶かして思うようになった自分の経験と幾ばくかの悟りが、これからFXに関わってしまいそうになる人たちにとって、ささやかな指針となって……。

出来れば稼げる人となって。

この世の中をのらりくらりと生き抜き、共に、やがては成熟した世界への足掛かりとなる一人一人となっていただけることを。

切に願ってやみません。

最後は、いつも無駄に壮大……(^_^;)

エピローグ

生まれ変わりの僕へ、ワタクシからの手紙

君はそもそも人のいい、おめでたい人間だからね。

親を始め、兄弟親戚友人知人、基本、皆のことをかけがえのない存在として、常に大切に想っているよね。

そして世の中は、努力したことは報われるし、間違ったことは正されるし、なんだかんだ最後は常に皆ハッピーになれるものと信じているよね。

具体的な信条としては、目上であれば誰でも敬い、言うことを聞く。

自分の考えとは違うことでも黙って言うことを聞く……。

君に関わる全ての事柄は、ハッキリ言って、人も世の中も、君の考えることの真逆、というのが真実だ。

君の性格は多少、心得ているつもり？だから、その上で多少のコツをアドバイスしよう。


もう子供の時分から、周りに対し、程度的には、内心、こんなにワガママなことやっちゃって申し訳ないな、と思うぐらい、相当ワガママであっていい（笑）。

特に子供の頃は、エゲツないぐらい自分本位でいい。


親が勉強しないからといってマンガを取り上げるなら、マンガを取り返しなさい。

マンガをどうしても取り返せないのなら、勉強はしなくていい。

得意科目の図工は……まあ、やりたいだろうから、そこは任せる（笑）。


小さい時は、どうしても目上に歯向かうことは難しいのだけれど、だんだん同年代は周りに反抗するようになっていく。

君も同じようになっていけばいい。

妙に素直になる必要はない。

というか、納得できないことはとことん納得できるまでやり合うとよろしい。

たとえ、それで一人になったとしても。

それを繰り返していくことが、君がとてつもない幸せを感じて生きられるようになる近道である。


その分、あらゆる失敗も経験するよ。

経験することは仕方ないとして、それを克服していくコツも教えるよ。

自分が本当に悪いことをしたと思ったら、ただただ平身低頭で謝りなさい。

まあ、君は割と悪意のない？ポカミスが多いから（苦笑）きっちり謝れることで、同時に責任感も育まれよう。

ただ、謝るにしても、必要以上に負い目を感じる必要はない。

相手が理不尽な要求をかましてくるならば、それには断固、対抗するしたたかさを持ちなさい。

カッコよくやる必要はないよ、どうせカッコはつかないから。


余談（ということでもない）だけれど。

10代になったら女の子のことで悩むでしょ。

あまりそのことでアドバイスするのはどうかと思うけれど。

とにかく下心（笑）は隠し通し、女の子の気持ちを常に考えなさい。

男だから、そりゃ、女の子についてはわからないことだらけだけれど、それでも考える努力は惜しまないこと。

同性にからかわれると、男は馬鹿だからすぐ冷静ではいられなくなり、思いもしない発言をしてしまうことがある。

それが女の子を傷つけることもあるのよ。

その関係修復には、なんと１０００年もの年月を費やさなきゃいけない、かも。

だから。

そこはユーモアをもって切り返す成熟さを持ちなさいね（韓ドラ『トッケビ～君がくれた愛しい日々～』の受け売り）。

とまあ、そんなこんなで君が人生をたどって、またＦＸに関わることになるのかも。

その時は、実はいままでワタクシが語ってきたコツやアドバイスが功を奏すかもしれないんだ。

相変わらずの暗澹たる不条理な世の中、疑心暗鬼のはびこる人々の中で、君は結構、幸せを存分に感じて生きているのなら、FXがどういうものか、その本質が結構見極められると思う。

その上で、自らの意思でやってみるもよし、やらないもよし。

まあ、やらないほうがいいかな（笑）。

どちらにしても、そんな世の中が少しでも希望を感じられるものに出来るのであれば……。

そんな希望のほうに、少しでも傾けていってくれ。

〈著者紹介〉
田井仲 博文（たいなか ひろふみ）
岡山県生まれ、自称：思索家。
趣味は音楽（音源制作、イベンター、MC 等を経験）
韓国映画『テロライブ』は、いままで観たあらゆる映画の中で一番すばらしい作品と思っている。

1000万円《まんえん》溶《と》かした男《おとこ》が語《かた》る、究極《きゅうきょく》のFX論《ろん》

2023年5月31日　第1刷発行

著　者　　田井仲博文
発行人　　久保田貴幸

発行元　　株式会社 幻冬舎メディアコンサルティング
〒151-0051　東京都渋谷区千駄ヶ谷4-9-7
電話　03-5411-6440（編集）

発売元　　株式会社 幻冬舎
〒151-0051　東京都渋谷区千駄ヶ谷4-9-7
電話　03-5411-6222（営業）

印刷・製本　中央精版印刷株式会社
装　丁　　野口萌

検印廃止

Printed in Japan
ISBN 978-4-344-94434-3 C0095
幻冬舎メディアコンサルティングＨＰ
https://www.gentosha-mc.com/